JN235349

「教えないから人が育つ」横田英毅のリーダー学

天外伺朗
Shiroh Tenge

講談社

「教えないから人が育つ」
横田英毅のリーダー学

（「人間性経営学」シリーズ⑤）

天外伺朗

巻頭言

横田英毅

私達の会社、ネッツトヨタ南国株式会社が発足した1980年は、まさにバブル突入前夜であり、日本中が量的拡大を追い求めていたように思う。そんな中、量を追い質をなおざりにする経営は、早晩行き詰まるだろうと私は考えていた。

そこで、ここは一つ、社員を幸せにする質の高い〝いい会社〟を創ろうと考えた。社員の幸せ、それは働いているときの幸せであるから、仕事の〝やりがい〟ということになる。

一方、自分自身を客観的に見つめてみると、グループ企業の資本家の一員であるというだけで会社を任されたわけで、社員が一目置くほどの経験もなければ、尊敬もされてはいないだろう。三拍子揃ったリーダーシップの無さである。

このような条件のもと〝いい会社〟を創ろうとすると手段は一つしかない。ひたすら少しでも良い〝人財〟を採用し、彼らが自由闊達に仕事に前向きに取り組める組織を創ることだ。

全社員が価値観を共有し、高い問題意識を持ちながら、チームワークを発揮する組織。一人ひとりが自己実現を目指し、働く動機が内側から湧き上がってくるような〝やりがい〟のある組織風土づくりが、私達の目指すところだ。

一方、質の良い経営を進めていくためには、見えにくいものを〝見える化〟（可視化）して、整合性のあるものにしなければならない。ところが、それを推し進めていくと、どうしても人間の心の部分、すなわち、心理学の世界に対する理解が必要になるのだ。

そんなとき天外伺朗氏との出会いがあった。それは私にとって実によいタイミングであった。勉強会での学びは私の考えを、今まで見えていなかった世界へとブレークスルーさせてくれた。

このたび、本書において私を紹介していただけるということは、身に余る光栄で、驚きと同時に大変感謝している。

また、お読みになった方が、どんな行動を起こし、本書によってどんな化学反応が起きるのか、私のように〝今まで見えていなかった世界〟が見えてくる人が出てくるのか、それもまた楽しみである。

まえがき

天外伺朗

横田英毅《よこたひでき》さんという、とてもユニークな経営者がおられる。２００２年に日本経営品質賞を受賞された後、産業界では知らぬ人はいないほど有名になった。『日本でいちばん大切にしたい会社 2』（坂本光司著、あさ出版）でも取り上げられるなど、雑誌やテレビにも頻繁に登場し、まさに時代の寵児といった感がある。

四国の地方都市、高知市の自動車ディーラー「ネッツトヨタ南国」を、信じられないほどの強い企業体質に育てあげ、リーマンショック直後の苦戦を続けていた自動車業界の中で売り上げを伸ばし、突出した業績を上げて人々を驚かせた。

従来の経営学（合理主義経営学）は経営者が方向性を定めて、指示・命令・叱咤・激励により組織をコントロールする。横田さんの経営フィロソフィーは、それとはかけ離れており、すべてを従業員の自主性に任せてしまう。それでもバラバラに乱れずに、企業がひとつの方向に元気よく走るためには、さまざまな工夫が必要だ。

この経営手法は、設立趣意書に「自由闊達にして愉快なる理想工場」と謳われた創業期のソニーにも酷似しており、私は「フロー経営」あるいは「人間性経営学」と名づけて体系化しつつある。

私が主宰する「天外塾」は、「フロー経営」「人間性経営学」をお伝えしているが、2010年に横田さんが塾生としてご参加くださった。その後、2011年の1月からは天外塾「横田英毅特別セミナー」(全3講)を年2回開講して、講師としてお越しいただいている。

この本は、天外塾における横田さんの発言に多くのページ数を割き、それに私やほかの塾生が絡み、あるいは私の解説文を加えることにより、内容を解き明かしていく。多少冗長なところも、そのまま掲載した。塾生が理解しにくいところは、読者もひっかかると思うからだ。

単に論理的に「横田英毅経営学」を追うのではなく、彼の発言や討論をそのまま忠実に再現することにより、まるで天外塾に参加しているかのようなライブ感と、謎解きのプロセスをお楽しみいただき、「横田英毅経営学」の本質に迫っていきたい。

論理を超えた行間のニュアンスを汲み取っていただけたら幸いだ。

目次

装丁／前田英造（VERSO）

第1章　横田英毅の自己紹介

横田英毅さんに最初にお会いしたのは2006年、ある経営コンサルタントのセミナーで、共に講師として参加した時だ。その後、「まえがき」で述べたようにマスコミに頻繁に登場し、そのユニークな経営手法が人々に驚きをもたらすのを遠くから眺めていた。したがって、2010年に横田さんが「天外塾」に、突然一塾生として参加してくださったときにはとても驚いた。

ネッツトヨタ南国のユニークさ、さまざまな経営指標に関しては第8章で詳しくご紹介するが、まずは横田さん本人の自己紹介からはじめよう。

「天外塾」では、自己紹介に多くの時間を割いており、そこからさまざまな問題を掘り起こすという手法を取っている。この時（2010年4月23日）は、真っ先に横田さんからスタートしていただいた。

横田「はじめまして、横田英毅と申します。地方の小さなトヨタの販売会社でね、経営者といわれている立場の仕事をしてきました。私は3代目でしてね。俗にいうぼんぼん。頭はあまり良くないです。ＩＱテストしたらだいたい中くらい。小さいときから不自由してないから、ハングリー精神がない、やる気もない。

学校の成績もあまりよくなかった。でも資本家の一族ですから、何とかグループ企業のどこかをやらないといけないということで、比較的若くして社長になってしまった……。まぁ3代目は潰すといわれていますから、自分が潰すんやなぁと……、でも何かそれじゃあ面白くない……。ちょっと何かあがくという感じで、突破できないかと考えました。

自分の強みは何かなぁといろいろ考えた結果、あるひとつの方向を決めたんです。とにかく、採用に力を入れよう、良い人財（横田氏は「人材」ではなく「人財」という字を使う。従業員は「材料」ではなく「財産」だ、という趣旨。）を集めよう、と……。良い人財はどんな人財か、と話しているとものすごく長くなるんで、それは置いておきます。良い人財を集めて、その人たちが自由にやりたいようにやったら、私をはるかに超える組織ができるに違いない。こういうふうに思って、ずーっと続けていたら、何かそんなふうになってきた。これすごいねぇっていうことで、２００２年に日本経営品質賞というのをもらってしまったんですね。

それから講演のようなことをさせられるようになりました。社長職もある程度長くやりましたけど、全く社長らしくない社長、相談役のような社長でしたね。私の右腕という人はいるんですが、実は右腕じゃなくて両腕。その人に社長譲ったら、会長、会長と呼ばれるようになった。会長は嫌やなぁと思って、つい最近相談役になりました」

この日の会場のホワイトボードに、私は手書きで表を書いておいた（表1・11ページ）。

横田「私が講演でよく話しているのは、表1の左側（「合理主義経営学」、「管理型」マネジメント）をできるだけ使わないで、右側（「人間性経営学」、「燃える集団型」マネジメント）で動く集団を作る、ということになります。ですから、天外さんのお考えと同じです。表1の右側は、私のやっていることの延長線上なのです。つい最近『教育の完全自由化宣言！』というご著書を読みましたけど、100％共鳴しました。ものすごく面白い本だなぁと思いましてね。やっぱりもうちょっと勉強したいなと……。ここのところ講演が多くて、ディスチャージばかりで、チャージしていない感じなので、ちょっと充電しようかということで、このセミナーに参加しました」

天外「具体的にいうと、どのようなことを講演でお話しになっていますか？」

(表１)「燃える集団型」マネジメントの諸要素

	「合理主義経営学」 「管理型」マネジメント	「人間性経営学」 「燃える集団型」マネジメント
①大脳	新皮質	旧皮質
②行動原理	理性・論理	情動・直感
③情報伝達	言語中心	非言語情報を重視
④議論	詭弁	タオ（道）
⑤心理	ペルソナ 意識レベルのみ	シャドー 無意識を配慮
⑥スタイル	装い、かっこつけ	本音、真実
⑦動機	我欲 義務感 金、名誉、地位 (外発的動機)	動物的な衝動 聖なる衝動 楽しい フロー (内発的動機)
⑧傾向	分析的	創造的・統合的
⑨マネジメント	指示・命令・恫喝 叱咤激励・脅迫 組織の権威 不信頼 秘密主義 賢者の演出	自主性に任せる 暴走を許す やる気を尊重 絶対的信頼 情報公開 愚者の演出
⑩ホルモン	アドレナリン ノル・アドレナリン	ベータ・エンドルフィン ドーパミン、セロトニン
⑪スポーツ	星野仙一 トルシエ	ヒルマン 白井一幸(元日本ハム) 白石豊（メンタルコーチ) 岡田武史

横田「具体的には、たとえば目的と目標を分けて考えた方がいいですよと……。世の中はほとんどの人は目標ばかりを考えていまして、何のためにやるのかという目的をつい忘れがちですよね。例えば日本が驚異的な経済発展を遂げたのは何のためにやったのかというと、国民全体が幸せになりたいからやったんでしょう……。でも全然幸せになっていない。それは、目標ばかり追いかけて、目的を見失っているから……。

その延長線上で企業の中でも個人のレベルでも同じことが起こっているというようなことをよくいっています。それから問題に対処するんじゃなくて、解決しないといけないという話をよくしています。解決するためには表面的な現象ではなく、目に見えない真因を発見しないと解決できないんですが、ほとんど発見できていない……」

天外「もっと詳しく伺ってみたいですね。従業員をとても大切にするマネジメントをされている、と伺っていますが……」

横田「そうですね。従業員満足度（ES）がお客様満足度（CS）よりずっと大切、それはなぜかという話をよくします。一般に、働く人は人間性が尊重されていないと、エネルギーが出にくくなります。そして自分自身の成長にもつながらないし、良い結果も残せない。だから人間性を尊重して、より人間らしく働くということをしないといけない。でも、そこらの企業がそうなってないのはなぜなのか？　それから、従業員満足度とか顧客満足度とかいいますけど、本当は満足よりも感動の方がもっと大事なんだと……。マネジメントのキーは従業員を感動させること。感動した従業員は必ず顧客を感動させます。それから、感動というのは何なのかという話などもします……」

天外「感動とは何ですか？」

横田「やっぱりこの表１（11ページ）の右側（「人間性経営学」、「燃える集団型」マネジメント）ですね。感じること。左側の知識として理解する、吸収するんじゃなくて、右側の気付く、感じる。そういう感覚がいたるところにないといけない、というような話です。そのためには、教えてはいけないとか……。私どもの会社はあまり教えません。できるだけ本人に考えさせる、やらせる、発言させる……などをすごく重視しています。どんなバカなことを言ってもよろしいと……。聞く方もポーカーフェイスで聞くような風土がありますね。お前、何バカなことといっているんだっていう人はいない……」

天外「ただ、まかせるって簡単にはできないですよね……」

横田「いや、できないと思ったらなかなかできないですが、ちょっとずつやることですね。ここまでだったらできるなってすぐわかる……。じゃあもうちょっと、もうちょっとってやる……気長にね……」

天外「任せることに対する抵抗はなかったですか、今までやってこられて」

横田「なかったですね。失敗は当然しますけど……。人は、こうしろあぁしろと正解を押し付けてもなかなかやらない……。特に、高知県人というのは元々県民性としてそうなんです。ルール通りにしないですね。じゃあ、そういう県民性に合うような組織作りにしようというのがありました」

僅か10分足らずの自己紹介だったが、横田さんが述べられたことはとても深く、示唆に富んでいた。私の提唱している「人間性経営学」と同じ方向性を持っているのだが、表現が違い、切り口が違い、具体策が違う。

私は、ソニーの創業者である井深大《いぶかまさる》氏のマネジメントスタイルを、後から体系化した。したがって、例を持ち出すとどうしても古くなる（残念ながら最近のソニーには好例はない）。それに対して、横田さんのマネジメントはまだ現在進行形だ。しかも、誰かに教わるということはなく、自分ひとりで試行錯誤を重ね、工夫してこられたようだ。

これは何とか整理して、世に出したい、とこの時思った。

さて、横田さんの発言を箇条書きにすると、次のようになる。

1. いい人財を集め続ければ、いつの日かいい会社になる。
2. 目標と「目的」をはっきりさせる。
3. 問題対処ではなく、「問題解決」に向かう。目に見える現象ばかりを追いかけていないで、目に見えない真因を発見する。
4. 従業員満足度（ＥＳ）がお客様満足度（ＣＳ）よりずっと大切。そのためには、従業員の人間性を尊重する。そうすると、人はエネルギーが出て、自分自身の成長につながり、良い結果が残せる。
5. 満足より感動。マネジメントのキーは、従業員を感動させること。感動した従業員は、必ず顧客を感動させる。
6. 知識として理解し、吸収することよりも、「感じる」ことが大切。そのためには、従業員に極力教えない。自ら感じて、考え、発言し、反省することを大切にする。何を発言しても許される雰囲気を作る。人は正解を押し付けてもなかなかやらない。
7. 人に仕事を任せる、ということは簡単ではないが、気長に少しずつ任せる範囲を広げていけば必ずできる。

これらの項目が「横田英毅経営学」の真髄といえる。この後の章でその詳細が明らかになる。

なお、「目的」、「問題解決」などの言葉は、横田さんは普通の用法とは少し違う意味をもたせている。そのため、カッコでくくって注意を促した。

第2章　横田英毅の謎を解く

横田さんの自己紹介が一段落し、私はそれをさらに掘り下げて、塾生全体のディスカッションに誘導しようとしている。こういうアプローチが天外塾の特徴だ。

天外「皆さん、サラッと聞いておられるけど、こういう経営者って滅多にいませんよ。任せようと頭で思っても、どうしても不安になるからね。なかなか任せられなくて、手が出る口が出るっていうケースがほとんどです。それをあっさり任せられた……すごいことです。横田さんのどういうところが、それを可能にしたんでしょうかねぇ……」

横田「それはたぶん、私は自分がたいしたことないってことをよく知っているからではないでしょうかね……」

天外「でも、たいしたことない人ほど背伸びをして逆になるケースが多い……。装っちゃうから……。それは、本当は劣等感の代償作用なんだけど、自分がすごいってことを人に見せようとするから、無理してしまう……」

横田「私の場合は、そうしないということを自分のファッションのようにしています」

天外「それ、どこで学んだか、興味がわきますね。〝たいしたことない〟って、スラッといえるということは、僕の表現だと〝愚者の演出〟なんです。自分はたいしたことないっていえる人は、本当は〝たいしたことある〟……。普通はいえないの。いえないから、賢者を装っちゃうのね。で、何とか部下に負けないようにやろうとして、どんどんおかしくなっていくわけ……」

横田「それは私が環境に恵まれていたせいですね。要するに自分は優れてないってことが周りの人にバレても、別に失うものがない……。そういうことがたぶんある……」

天外「でも、どこかで何かを摑まれたね。それがね、いつ、どこで摑まれたか、横田さんの成育歴を徹底的に探求すると、とても面白い……勝手に面白がっています……本人は、サラッとおっしゃっているけど。この中で〝私たいしたことないですよ〟っていえる人が何人いる？　〝たいしたことないから任せるんですよ〟っていえること自体が本当はたいしたことなわけ……。僕のいう〝長老型マネジメント〟の一歩目ですからね。それが、〝愚者の演出〟です。部下の前で平気で自分を愚者みたいに見せることというのは、やっぱり自分のどこかにすごい自信があるからこそできるわけです。自信がない人はそれができず、賢者を装ってひっくり返っていく……。さあ、どんどん質問してください。ナマ横田の声が直接聞けますよ、こんなチャンスはまたとない（笑）」

塾生「私テレビで拝見したんですけど、リーマンショックの後、どこでも車が売れないときに、めちゃくちゃ売れているすごい自動車ディーラーがあると……。こんな会社が日本にあるのか！　とびっくりしました。どうしてあんなことがひとつの自動車ディーラーでやれるのかと不思議に思ったので……そのへんをお話しいただけますか」

横田「なんか、自慢話みたいになりそうで……。普通は業績上げたいって思いますよね。経営者も、働いている人も……。業績を上げたい、給料をもっとたくさんもらいたい、などということは全部〝**量**〟を求めている……つまり**目標レベル**のことです。高度成長の時代なら、そう考えて取り組んだら、たしかにいい結果が手に入ったでしょう。ところが、厳しい世の中になってきたら**結果だけを追い求めると、結果が手に入らない**という現象が起こっていますね。

私達は30年前から、量より質を強く意識しようということを常に考え続けてやってきました。質というのが〝目的〟と関係があります。で、どうやって質を高めるか。働いている人の人間力、これは質ですよね、これを高めていく。自己実現を目指すことによって成長していく集団を作ろうとか、お客様満足度も質の面で追求していくことも考えています。

それから、人間の成長は教えることができない。ですからできるだけ**教えないで人が成長する**、そういう風土を作ろうと考えてやってきました。それでもやっぱり、車もたくさん売りたいという気持ちもないわけではない。でも、目標達成できなくても、別に何もお咎めもないし、それ、問題にもならんのですね。なぜ売れないのかなぁ、ということをずっと遡って追求していくというアプローチを重視しております。そうすれば真の問題が発見でき、解決へ向かうという考え方です」

天外「ずっと遡って追求する、とおっしゃいましたけど、誰が追求するんですか？」

横田「それは社訓の中にも、**問題を知る。悪さ加減（注：表面的なごまかしを排して、悪いところを徹底的に把握すること）を100％把握する**ところから全てが始まると謳っています。悪さ加減というのは、普通は100％把握できないんですね。全くできていないということがわかれば、自分達のやっていることも実に中途半端で、まだまだ足りないんだ、ということです。多くの場合、出口に近いところで、一生懸命何かに取り組むということが行われているように我々には見える。出口に近いところからずーっと遡っていって、5年前、10年前にやっておけば良かったことができていなかったからこうなった、という考えに達する。そうすると、5年先、10年先を考えたら、今これをしないといけないってことが分かってくる。そういう考え方で長年続けてきたら、ここへ来て少し売れるようになってきましたね。やっぱり、原理原則通りかな、と思っています……」

塾生「いまから1年くらい前のテレビで見ましたけど、一番おどろいたのは、車のディーラーが、軒並み売り上げが大幅に落ち込んでいる時代（注：リーマンショック直後の話）に、ネッツトヨタ南国では前年度以上に車が売れている。そんなことがあるのかなとびっくりしました。その時すごいと思ったのは、お客さんがショールームに来たときに車を自由に見られるように、パッと女性従業員がお子さんを預かってあやしていましたね。それから、普通、なかなか自動車ディーラーは車に試乗させてくれないし、試乗の際もセールスが横に乗って、その辺をくるくると回って終わりって感じなんですけど、ネッツトヨタ南国では一日貸しますから自由に乗ってくださいとなっている、というようなことをテレビで紹介されていたので、すごく感心しました」

横田「試乗車は60台くらいあります。社員は130人くらいの会社ですから、普通だと試乗車は多くても10台くらいですね。我々の場合は6倍です。それからお貸しするのは2

日間ですね。48時間試乗ということで、ご家族でどこかお出かけの時にどうぞお使いください、ということで。それから感想文を書いていただいたら、それを５０００円で買い上げるとか、そういうことをいろいろやっています」

天外「先に述べられたフィロソフィー以外にも、細かいことを工夫しておられる訳ですね」

横田「絶えず試行錯誤をしています。この表1（11ページ）の右側は確かにその通りなんだけど、どう使っていいかわからんし、なかなか人に伝わらない。自分は、何となく使ってきましたけど、まだまだ、わからないことのほうが多い……。普通褒めるというのはすごくいいことだっていわれますけど、最近はあまり良くないってことが、だんだんわかってきた……というくらいのレベルです」

天外「ああ、褒めるというのはね、すごく難しい……。教育学の本（『「生きる力」の強い子を育てる』飛鳥新社）で書きましたけど、ある程度までのところは褒めて伸びるんです、才能がね……。ところがそればかりやっていると、結局人の評価に依存するようになって、〝フロー〟に入りにくくなる」

塾生「褒めると〝フロー〟に入れなくなるんですか？」

天外「ああ、ちょっと説明不足だったかな……。〝フロー〟は皆知っているよね。**無我夢中で何かに取り組んでいる状態。没頭すると、ときに奇跡が起きる**」

塾生「スポーツの世界で〝ゾーン〟と呼んでいるのと同じですね」

天外「そうそう。ありえないような素晴らしいプレーをして、格上の相手に勝ったりする。チクセントミハイという心理学者が1960年代から研究しており、〝フロー理論〟として集大成しています。それによると、心の底から湧きあがってくる〝ワクワク感〟みたいなのに従って行動すると〝フロー〟に入れるという。何の実利も伴わない時……そういう動機を心理学では〝内発的動機〟と呼んでいます。逆に、世間の目を気にしたり、金が欲しい、名誉が欲しい、地位が欲しいといった、〝外発的動機〟にとらわれている時には、どうしても〝フロー〟に入れなくなる。〝誰かに褒めて欲しい〟というのは、明らかに〝外発的動機〟だから、それが強くなると〝フロー〟に入れなくなるんだよね」

塾生「ああ。わかりました」

天外「面白いことに、これは企業経営でも教育でもまったく同じ。経営に応用したのが〝フロー経営〟、教育では〝フロー教育〟です。両方ともたぶん私が最初にいいだした。サドベリー教育やモンテッソーリ教育は絶対褒めません。徹底的な〝フロー教育〟です。だから褒めないで幼児期から育てていく方法もあると思うけど、教育者側のレベルが高く、〝無条件の受容〟が必須です。普通は、親も教師も〝無条件の受容〟には程遠いですから、その環境では幼児から褒めないというのもちょっと問題かもしれない。だから、普通の環境では、ある程度まで褒めて乗せていくということも必要なんじゃないかな……。その辺が僕の中でもいろいろわからないところなんです。会社でも、もし〝フロー経営〟を徹底するなら褒めちゃいけないんですけどね。

褒めると従業員は経営者の顔色を窺うようになってしまいます。いかに従業員が経営者の方を向かないで、自分の内側から出てくるものをちゃんと感じられるようにするかっていうのは、〝フロー経営〟のキーのひとつです。普通は逆ですよね。自分の方を向いてくれ、向いてくれっていう経営者がほとんどです。権力を、これ見よがしに振り回したり、自分の実績を強調したり、自己顕示が激しかったり……。

自分の方を向かせないマネジメントというのは、あまり世の中ではやられていない、すごく難しい高度なマネジメントです。横田さんのように、私はたいしたことないっていう〝愚者の演出〟はそのひとつです。トップが〝愚者の演出〟ができていると、その評価を期待しないから〝外発的動機〟にあまり囚われなくなるわけで、〝フロー〟に入りやすくなるでしょうね。それはひとつの手だし、〝褒めない〟ということもそのひとつです。だけど、〝フロー経営〟とは別に、〝フロー〟まではいかないけど、ある程度活性化するためには褒めることも有効なわけです。そこの境目が難しくて……。さっきの子育てとまったく同じで、褒めたらいいのか、褒めないほうがいいのか、という悩みが経営でもある訳……。横田さんは、いま完全に褒めないようにしているんですか?」

横田「そう、もともとですね。私が褒めても相手は喜ばないだろうなってことを知っているわけですよ。だから、褒めたいと思っても、ようせんのですね……。自然にそうなってしまった。**叱ることもしたことがありません。だから多分空気のよう……。私が社員の傍にいても、全く存在を意識してないですね、相手は……**。傑作だったのは、ある社外のシンポジウムのパネリストとして出た当社の若い女性社員が、おたくの横田さんはどんな人ですか?　と聞かれたのですね。その答えが、〝**そうですね、ひとことでいうと戦略的に存在感を消している人です**〟だった。これはすごいなと思いましたね。教えたわけじゃない……。最初は〝空気みたいな人です〟といっていたらしい。だけどそれではどうも誤解されるということで、表現を工夫したらしいのです」

塾生「でも、若い頃から空気みたいだった訳ではないでしょう?　やっぱりいろいろ紆余曲折を経て今日の横田さんのスタイルができてきた……」

横田「いや、私はあんまり変わっとらんですね……。いまから30年前に自分が書いたものとかインタビューを受けて喋ったことも全部持っていますけど、いまと同じです」

塾生「ああ、やっぱり天然なのか……(笑)。勉強してもそうはなれない、ということですかね。ちょっとがっかり……。横田さんは元々持っているものがあるんですね」

横田「まぁ変な奴です（笑）」

天外「とても変ですよ（爆笑）。それが自然に身についたっていうのがすごい……。葛藤して少しずつ気付くのが普通……。ある年齢に達した時にだんだんそれができるようになった人というのは、多少はいますけど、横田さんは聞いていると、まったくの天然だね（笑）。だから幼少期どこかで、それに気が付くような大きな体験があったんじゃないかと……僕ら凡人は、つい、そういう邪推をするんだけどね……」

横田「そういえば、小さい頃、祖父にものすごく可愛がられました。祖父は小学校も出ないで、裸一貫から事業を起こした人ですが、四角い盆を丸く拭けとよく言われました。大人になったらな、四角いお盆を丸く拭くような人間にならないといかんよと。要するに、長所だけ見なさいと。隅のほうは捨てておきなさい。そういう意味ですね。

面白い人でしてね。米屋に丁稚奉公して、それからものすごく働くから信用されて、集金を任されて、1ヵ月の売り上げを全部集金して、それを持って店に帰ろうとしたときに急用が入ったんですね。行きつけのお店へお金を全部預けて、それからその用事に走ったわけですよ。戻ってきたら預かってないということになって、それで全部取られてしまったわけね。その夜、そのお店の家族は夜逃げしていなくなった。何年も働かないと返せないぐらいのものすごい大金を盗まれた……。それで、丁稚奉公していたところでまた何年間かタダ働きをやって自分が盗まれたお金を全部弁償したんです。そうこうしているうちに見込まれて、のれん分けしてもらったというあたりから徐々に事業を興していった人ですね。

いくつか会社を始めたころに非常に悩んでいたみたいで。なぜかというと、あまり勉強していないですからね。それで、あるとき、教会の牧師さんの話を聞きまして、衝撃を受けたらしい。その牧師さんの日曜日の説教、30分くらいの話を聞くのがものすごく楽しみで、それを社員に聞かせたい。それで、盆暮れ、正月ぐらいしか休みがなかった時代に、日曜日全部休みにしたんです。そして、社員全部連れて教会に行って、午前中、私につきあってくれと。午後は仕事せんでいいからね、ということで……。

そんな人だったんですけど、毎晩一緒の布団に寝ていました。朝5時半くらいにラジオをつける。そうすると、福沢諭吉の〝天は人の上に人を作らず人の下に人を作らず〟っていうのが最初と最後に流れる番組でした。倫理的な、雑誌『致知』に出てくるような話が、30分間くらいは流れていましたね。ひょっとするとあの頃刷り込まれたかな……」

天外「おじいちゃんはクリスチャンだった？」

横田「そうです。牧師さんに聞いた話を祖母にしているのを、よく聞いていました。あまりわからなかったですけどね」
天外「横田さんも教会に行っていらした？」
横田「教会は無理やり連れて行かれましたが、私は、その時はもっと遊びたいので、行きたくなかった。でも、その時思ったのは、何が正しいかということと、それをやるかやらないかは別の話だということ……。大人たちが教えと違うようにしているということに、ものすごく違和感を覚えました」

天外「おじいちゃんはどうでしたか？」
横田「かなり近かったですね。変なところや、矛盾はなかったですね……」
天外「たぶん、おじいちゃんから非言語的に伝わっていると思いますよ……。そうか、これで横田英毅の謎はあらかた解けたぞ（笑）」

さて、ここで語られた横田さんの幼児体験は、表面的には単に「おじいちゃんに可愛がられた」という物語だが、とても重要な意味を含んでいる。おそらく彼は、この時期に「横田英毅経営学」のベースとなるフィロソフィーを獲得している。
横田さんのおじいちゃんは、丁稚奉公から苦労して事業を興した方であり、牧師さんの影響や強い信仰のお陰で、とても人間的に練れていたように思われる。そうすると、ただでさえ可愛い孫を、温かく、しかしながら少し距離を取って、全面的に受け入れることができただろう。それは本人の人間性があるレベルに達していないとできないのだが、私が「無条件の受容」と名づけた対応だ。

それに対して単なる「猫っ可愛がり」というのは、可愛がっている本人が子どもから愛されたい、と見返りを期待しており、人気取りのエゴ丸出しで、まったく違う境地だ。

横田少年はおじいちゃんの人間性に触れて、無言のうちに啓発されていくプロセスがあったと思われる。

一般に親や教師は子どもを受容するが、それは「もし、おまえが私のいうことをよく聞いていい子でいたら、受容してあげるよ」という、「条件付き受容」にすぎない。条件が付いていると、子どもが啓発されるということはない。

「無条件の受容」というのは、めったにお目にかかることはない。『ああ無情（レ・ミゼラブル）』という小説で、教会から銀の食器を盗んだ主人公が捕まって、警察に連れられて牧師の元に行くと、牧師は「これは、この者に私があげたのです。お前、燭台もあげるといったのに、どうして持っていかなかったのだ。さあ、これを持って行きなさい」と与えるシーンがあった。この牧師の態度が「無条件の受容」だ。無私であり、人気取りでもなく、本人のエゴはまったく出ていない。

小説では、この出来事で主人公は啓発され、市長にまで上り詰める。

2005年から「天外塾」を開いて「フロー経営」をお伝えしているが、知識として獲得してもどうしても実行できない人が多い。「指示命令をしないで従業員に徹底的に任せる」というのは、簡単なようだが、頭で理解しただけでは駄目なのだ。

ほとんどの人は、不安になって手を出し、口を出し、あるいは心に「コントロール願望」を秘めたまま任せたふりをして、結果的に従業員の「フロー」を破壊してしまう。うまくいかないと、「この方法論は、ソニーさんみたいに優秀な人材が集まっていないと駄目なんじゃないか。うちはぼんくらばかりだから……」と、よくいわれた。

何年かやっていくうちに、従業員があまり選別されていないアルバイトだけの職場でも「フロー経営」はとても有効なことが証明できたが、逆に経営者側の資質が問題であり、深いところからの意識の変容が必要であることがわかった。

私自身は、ソニーの創業者、井深大さんの下で30年以上を過ごしたので「フロー経営」が多少は身についたと思う。当初はそういう経営が当たり前だと思っていたのだが、1995年からソニーはアメリカ流の「合理主義経営学」を導入し、創業以来の「フロー経営」を破壊しておかしくなってしまった。

２００３年のソニーショックを経て、創業期の井深さんの経営が心理学者のチクセントミハイが提唱する「フロー理論」で読み解けることに気付き、「フロー経営」あるいは「人間性経営学」として体系化した。

詳細は、拙著『マネジメント革命』（講談社）などをご参照いただきたい。

私のように、誰かに学んだというのではなく、自然に「フロー経営」ができてしまった、井深大さん、横田英毅さん、未来工業の創業者、山田昭男さんなどは、必ずちょっと変わった幼児体験を持っている。

それは、先に述べた「無条件の受容」の体験と、自らのエゴを超えた絶対的な存在に対する「畏敬」だ。幼児期に誰かに「無条件の受容」をしてもらった人が、従業員に対して「無条件の受容」ができるようになる。また、「畏敬」がないと、エゴ丸出しの「管理型経営」に走りやすい。

横田さんの場合には、おじいちゃんから「無条件の受容」を受けていたし、キリスト教に接することにより、本人は洗礼を受けていなくても「畏敬」の念が育ったと思う。

井深さんの場合には、敬虔なキリスト教信者であり、「畏敬」は申し分がない。「無条件の受容」に関してはよくわからぬが、キリスト教への入信も含めて、遠縁の井深八重の影響が大きかった、と私は推測している。

井深八重は衆議院議員の令嬢だったのだが、大正時代にハンセン病（当時は癩病と呼ばれていた）と診断されて施設に収容され、あらゆる人間関係を断ち切られるという絶望を体験した。当時の社会は、ハンセン病に対してすさまじい偏見があった。彼女は、後に誤診だとわかったのだが、絶望状態を神父さんに救われた体験からキリスト教に入信し、看護婦の資格を取ってその施設でハンセン病患者のサポートに生涯をささげた。

その時の神父さんの対応は、正に彼女の人生が変わるほどの影響を与えていることから、「無条件の受容」であったことは、まず間違いない。詳細はわからぬが、その影響が井深大さんまで伝わっているのではなかろうか。

誰かに「無条件の受容」をしてもらった人は、一生かかってそれを他の人に伝えていく。ときにそれは、絶望状態のハンセン病患者であり、あるいは企業の従業員のこともある。

ときに、「無条件の受容」を体験していない人でも、重篤な病を経て大きな意識の変容を遂げる人がいる。第４期横田英毅特別セミナー第２講（２０１２年８月31日）で、こういうお話があった。

横田「革新というのは、人間はなかなか起こせないんです。起こせた人は、癌なんかで闘病生活した人です……余命半年とか1年とかいうような、そういう経験をされた方が職場に復帰したら以前とガラッと違う経営者になるということが、ときどき起きます。伊那食品工業の塚越寛会長は若いときに結核を患ったんですね。ご自身もおっしゃっていましたけど、ガラッと変わった……。あと、沖縄教育出版の川畑保夫会長。この人もとにかくトップセールスマンで、売り上げを上げて、会社を立ち上げて、ガンガン売って儲ける世界にいたらしいんですが、あるとき癌を患って、それから考え方がガラッと変わったということをおっしゃっていました」

天外塾では「フロー経営」を教えているが、塾生のほとんどは「無条件の受容」も体験しておらず、「畏敬」の念も育っていない。また大病を患ってもいない。そういう人たちが、いくら知識を積んでもダメで、親や教師による心ない抑圧の結果、頑なに閉ざしてしまった情動を解き放たないと、「フロー経営」は実行できない。

そこで最近では、知識やノウハウの伝授を極力少なくして、塾生の「意識の変容」をサポートすることに徹している。

その様子は、拙著『問題解決のための瞑想法』（マキノ出版）で詳しく述べた。

第3章　愚者の演出

おじいちゃんのエピソードを首尾よく聞きだした天外は、さらに横田さんの秘密はないかとしつこく食い下がった。もともと技術系で、人見知りするタイプだった横田さんが、ゲーム感覚で笑顔になる練習をするなど、興味深い話題がいくつか出てきた。

やがて塾生の質問から、横田さんはそこに「存在」するだけで、議論はひとりでに解決の方向に向かうことが分かった。

これは、いま天外塾でお伝えしている**「存在（Being）のマネジメント」**だ。それに対して、一般にこうあるべきだと思われているのは、経営者がどう発言し、どう行動するかを問う**「行動（Doing）のマネジメント」**だ。

「存在のマネジメント」が実行できるためには、経営者に**「愚者の演出」**が要求される。

天外からは、ＩＢＭやソニーなどの超優良企業で、会社が傾いた時に経営者が「賢者の演出」をして転落していった例が語られた。

いよいよ、議論は経営の核心に入っていく……。

天外「話は戻りますが、おじいちゃんの影響についてはお聞きしましたが、お母様とお父様はどんな感じでしたか？」

横田「両親は普通の人だと思います。あんまり影響は受けてはいないですね。母親は教育ママで、私を勉強嫌いにさせました。父親は任せるタイプでしてね。それでも私に会社を任せたときはかなり口を出してきましたね。１年くらい経ったときにちょっと嫌になって〝もう辞めたい〟といいました。〝どうしてや？〟と聞くから、〝あぁしろこうしろっていうやろ〟と。〝あぁしろこうしろというんやったら、あなたのいうことを、はい、わかりましたと聞く人と私を替えてくれ〟と父親にいったら、父親は〝うーん〟と考えましてね、〝よしわかった。１億～２億、損したと思ったらええかな〟と（笑）」

天外「やっぱり普通のお父さんじゃないよ（笑）」

横田「任せたというところは普通ではなかったですね。あとは普通でした。私のやり方をとうとう最後まで理解しませんでしたね。〝あいつの考えていることは、さっぱりわからん〟と、我々が売っている車を製造しているトヨタ自動車の幹部の人にいっていたみたいです。でもね、いまから振り返ると、あのとき私は父親の言葉に、ほのかに感動したのかもしれないな……と思っています」

塾生「横田さんは従業員に対して、怒ったりなさるんですか？」

横田「うーん、会社ではあまり腹は立てないですね。ちょっと違うモードになっていまして、何か悪いものを見た時、なぜこうなるのかな？　とか、そういうふうに考えるんですね。で、腹が立ってきた、どうしよう、これは自分がストレスを溜めるか溜めないか、どっちか自分で決めようというふうなゲーム感覚でそれを処理します。だから、ストレスを抑えるというよりは、それを処理しているという感じです。**面白い、面白い、腹立ってきたぞって……自分を見ています。**で、社員を叱ったり怒ったりっていうのは一切ない。問題が起きても、まぁこれが普通というふうに見ています。問題が起きるのは普通なんだと。だから腹を立てるほうがおかしいのであって、全部原因はどこにあるかというと自分やと。そこにその人がいることは誰が原因を作った？　採用したのはあんたやろ……って」

天外「ああ、すごいね。皆さん、よく注意して聞いてください。**これほど自分自身を客観的に見ることができる経営者はめったにいませんよ。**自分自身のほかに、自分を客観的に見ている〝もうひとりの自分〟がちゃんと育っている……」

横田「さっき、自分はあまり変化していないといいましたけど、それは考え方とかフィロソフィーの話です。私は、元々人間嫌いで人見知りするタイプ……理系だし、小学生のころはエジソンのような発明家になりたかった。要するに販売会社に向いていないんです」

塾生「信じられない……！」

横田「1980年にトヨタの五番目の販売チャンネルとしてトヨタビスタ高知ができて、経営者として入った時、自分は普段笑顔じゃない、いつもニコニコしていない人間であるということを発見したんです。何で気づいたかといいますと、会社ができたばっかりで、そのころ、私は副社長だったんですが……社員が〝副社長、今日具合悪いですか〟と、こう聞くわけよ。もともと理系でしょう。だから、顔の表情なんか関係ない……それでサービス業、販売業の人たちと一緒に仕事をしていると、私はいつも考えているんですね。じっとしているんです。具合悪いですかと何人かの人に、1年間に3回ぐらい聞かれた。何でそんなこと聞くのやろうと考えた……何のことはない、笑顔がないという……ああそうなのか……それで、四十前でしたけど、ニコニコする練習をしたんです。ちょっとニコニコできるようになった。

どうしたかというと、店頭の女性で、ちょっと笑顔が足りない子がいたんです。そこで私はその子と、ゲームしようやといった。僕と向こう半年ぐらいゲームせん？　と……。どんなゲームですかというから……お互いすれ違って目が合ったときに、先に笑顔になったほうが勝ち。その都度すれ違ったときに勝ち負けを競おうじゃないかと。で、私も彼女も半年ぐらいしたらニコニコできる人になったんです」

塾生「私は企業コンサルタントとして、勉強会とかトークセッションとかを主催しております。横田さんの会社みたいな状況ができれば、社員は幸せに過ごせると思うんですけど、ただ、3ヵ月後にキャッシュが止まってしまうとか、半年後もどうなるか分からないという会社の方々は目の前のことに必死で頑張ってらっしゃるわけです。大変なので、より一層管理型になってしまうという傾向もあります……。あくまでも仮説として、もし本当に目の前が危ない、いろいろ疲弊している会社に横田さんが経営者として入られたら、どんなふうにされますか？」

横田「私のやり方というのは、時間をかけて少しずつ良くしていくようなやり方で、それ以外に方法がないと思っていますので、今のご質問でいうと、あんまり手がない。ただそこにいる人と話をしますね。どうしたらいいと思う？　っていうような話は多分すると思います。で、とことん話をすると、いや給料半分になってもいいから皆で頑張りましょうってところにいくしか他に方法ないでしょ？　だからそこにいくように、私からそれ問いかけるんじゃなくて、皆がそういい始めるようにずっと話し続けるより他に方法はない」

天外「一対一で話さないで、いきなり大勢で議論させるんですか？」

横田「私が得意なスタイルは皆で議論させることです。私が説得するんじゃなくて、導くとかじゃなくて、皆で議論させます。そうすると、良い方向へ行かない話、解決策で、この方向へ行ったらダメやなぁという発言は矛盾がある。で、どうしてそうなの？　っていうふうに聞くと、あからさまに指摘しなくても、皆に矛盾を気付かせることができますよね。そうすると自然に良い方向にしかいかないんじゃないですかねぇ。時間がすごくかかると思いますけど」

塾生「解決策が、そんなに簡単に出てきますかね？」

横田「解決策はそんな難しくないいんじゃない？　その採算が合うように、皆の収入を減らしたらええだけ……。頑張るのは限界があるから、給料を減らしたら一発で解決します。簡単やねぇという話になりそうに思うんですが。それをされたくないということでしょ？　じゃあ、自分の首くってるのと一緒やねぇということですよね。それをこっちがいわずに、相手にそれを気付かせるように仕向けるしか他に方法はない……」

塾生「そこも社員に選択させるということですか……例えば、自分のエゴで、この給料だけは絶対維持したいというと、そうするともう3ヵ月後にお金が底を突いて倒産しますよと……。給料を維持して会社の倒産か、それとも一人ひとり給料を下げていって存続させるのかってところも社員に選択させる……。そこまで対話を深めることなのかな……」

天外「たしかにね……〝会社の倒産〟というのは、絶対に避けなくてはいけないことではなくて、そういう解決法もあるよね……。皆が冷静に話し合って、納得して、では、〝せいのっ〟で倒産させましょう、ってのもありかな（笑）。でも、普通はそうはならないよね。会社がおかしくなった時の議論は、冷静でも建設的でも創造的でもなくて、殺気立って低次元の非難合戦になる……。

何がポイントかというと、例えば社員にディスカッションさせましたと。その時に社員の意識が経営者のレベルになっていると、まともな議論になるわけ……。ところが、自分の権利意識と自己防衛にとらわれているときには、お互いのエゴがぶつかるだけで、そういう解決策にいかない……。

そういう状況が悪くなったとき、普通何が起きるかというと、従業員は経営者を糾弾するし、経営者はエクスキューズをいうし、それから従業員の働きの悪さとかね、そういうところに話がいくわけです。誰かのせいにして、スケープゴート（いけにえの山羊）をたくさん作りますね。

1991年だったかな……超優良企業と思われていたIBMが大きな赤字を出した。当時のエイカーズ会長は、幹部社員に対して〝うちの社員は働きが悪い〟と怒り狂ったのは有名な話です。従業員は、〝大型電算機の時代が終わりつつあることに気づかなかった経営者が悪い〟という訳です。非難合戦になると、解決の方向には向かわない。

その時に、そこに横田さんがおられるとそれが起きない。横田さん自身も気が付いておられないかもしれないけどね……。何故だかわかります？」

塾生「支配しないというか、指示命令しない……」

天外「そう……ひとことでいえば〝愚者の演出〟ですよ。〝愚者の演出〟ができていると、低次元の非難合戦にはならない。逆に、経営者が〝賢者の演出〟をしていると、どうしても自分を賢者に見せないといけないから、うまくいかなかったことに対する理由を外に求める。その理由は、どこかに無理があるから反発を招き、必ず非難合戦に移行する……。

2003年のソニーショックの時には、経営者は思い切り〝賢者の演出〟をしていましたから、私は至近距離でそれを目撃しました。スケープゴートにされて辞めていった優秀な社員も一桁では収まらなかった。だから、ソニーはいまだに立ち直れない。経営者が〝賢者の演出〟をするとすべてが駄目になるということは、その苦い経験から学びました。

ソニーの創業者の井深さんなんかは、結構〝愚者の演出〟ができていた。自分がわかっていても、〝ほう、ほう、それで……〟と感心して、人の話を引き出そうとする。調子に乗って、ついつい余分なことまでよくしゃべらされました。

横田さんの場合だと普段から〝愚者の演出〟ができているから、横田さんが黙ってそこに座っているだけで、議論は建設的になっていく……。〝賢者の演出〟をしている人がいると、そうはいかない。まず〝賢者の演出〟をしている人は、黙って座るというのができません。

〝賢者の演出〟というのは、じつは劣等感から出ています。だから、自分が賢いということを常に表に出していないと生きていけない。黙って座っているのは苦手です。

会社の業績が悪くなったときも、その要因を人より賢く分析して見せようとする。表面的な論理だけを使ってね。その論理に沿って対策案をまとめます。業績の回復も、自分が主導権を握ってやりたがる訳です。ところが、業績の悪化もその人の責任なのに、必ず要因を外のせいにしてしまう……。

経営者が〝賢者の演出〟をすると、従業員たちも装って〝自分は悪くない〟という主張が伝染して、物事の本質からはるかに離れた言葉だけの非難合戦になってしまう。皆鎧を着てね、攻撃をかわして、相手を表面的な論理で責めることだけやる。いわゆる、西欧的な詭弁の世界です。解決は絶望的……。いま、ほとんどの企業ではそういう議論をしているんじゃないかな……。本来の議論というのは、皆鎧を脱いで、マインドをオープンにして、何が本当の問題なのか、どうしたら解決するかを虚心坦懐に話し合うこと」

塾生「天外さんがいつもおっしゃっている、古い脳を使ったコミュニケーションですね」

天外「そうそう。人類は猿から進化した時に、大脳新皮質と呼ばれる新しい脳を巨大に進化させてきた。そのために言語を扱い、複雑な論理を駆使することができるようになりました。でも、論理的なコミュニケーションでは、心は通じません。心から納得する、あるいは真理を探究する時には、爬虫類時代までに発達した古い脳が共感しないといけない。攻撃をする、防衛をするといったモードだと、新皮質を使って表面的な論理ばかりを駆使するものだから、古い脳が共感するということはなくなってしまいます。物事が解決に向かうような議論は、皆が古い脳が活性化した状態でないとできない。〝愚者の演出〟ができているリーダーがいると、それが自然にできます……。このことは、じつは天外塾でお伝えしている最も重要なポイントのひとつ。６回のセミナーが初回で終わっちゃう感じ（笑）。横田さんのお陰だな……」

塾生「愚者になるために社員に対しては叱らないほうがいいんですか？」
天外「あのね、その発想がまるっきり間違い（笑）。こうすればいい、あぁすればいいというのは大脳新皮質の話……。自分で自分をコントロールしようとしている。それがある程度止まらないと、〝愚者の演出〟はできないよ……」
塾生「なんか難しい。〝ぐしゃのえんしゅつ〟というより、頭がぐしゃぐしゃ（笑）」
天外「ぐしゃぐしゃ大歓迎（大笑　注：天外塾では、質問や自己紹介を理路整然にではなく、ぐしゃぐしゃにやることを求めている）。〝愚者の演出〟っていうのは、人間としてある程度のレベルに達しているからできるわけで、頭で考えてできるわけじゃない……。だからここにおられる皆さんが横田さんの真似をすると、怪我をする人が半分以上いると思う。いつかは自分も横田さんみたいになりたいね、っていうのはいいけど、いますぐ真似をすると危ない。横田さんの講演を聞いてね、あぁそうか、こうすればいいんだと思って慌てて後を追っかけて怪我した人がいっぱいいる（笑）。簡単に真似ができる話じゃない……ただ、それは僕が説いているマネジメントだし、その方向に皆さん向かってくれれば非常に嬉しいな、ということです。
そこまで達している横田さんが何で塾生としてここにいるのか……僕は少しくすぐったい気持ち……。でも原理的にわかるでしょ。悪いことが起きた時に、理由を他に求める人がトップにいれば、全員それを真似るから、糾弾のし合いになるし、今度はその中で自分の権利を守ろうという意識が生まれてくるから建設的な話にならないのね。大脳新皮質でもって表面的な論理を戦わせているだけ……。

人は、何か具合悪くなるとどこか外側に理由を見つけて、自分は傷付かないように守るわけです。イソップ物語でね、どうしても葡萄に飛び付けなかった狐が、〝あの葡萄は酸っぱい〟と捨て台詞を言って去っていく、というのがあったけど、あれは心理学でいう〝理由づけ〟という自己防衛機制。その他にも自己防衛機制は山のようにある。自己防衛機制は、全部大脳新皮質の営み。いわばごまかしだね……。

そうではなくて、脳の深いところから出てきたものに対してしっかり接地できると、〝本当の問題解決は何だろう〟ってところにいくわけです。〝自分は跳躍力が不足していて、葡萄に飛び付けなかった〟と、素直に認めることは、そう簡単にはできない。だから、意識して怒らないようにしようとかね、意識してこうしようとかはあまりなさらない方がいい。ただ、こういうことがわかってくると、今度は自分で自分を客観的に見るようになってくるわけです。

さっき横田さんが怒りに関して、とても自分自身を客観的に見ておられることに気づかれたと思います。

自分を客観的に見られるようになってきて、それが定着してくると、他に理由を見つけなくて済むようになります。すべての問題というのは100％自分の中にありますから、問題の解決というのは自分の中で全部できます。それが分かってくると外に理由を見つけなくなります。そうすると自然に〝愚者の演出〟ができる。

だからいきなり頭で考えて〝愚者の演出〟をしようとするのはやめたほうがいい。これは大怪我の元だからね……」

横田さん自身は「愚者の演出」という表現には抵抗感を持っておられる。「演出ではなくて、私は本当に愚者なんだから……」とおっしゃっている。でも、横田さんのことを正真正銘の愚者だと思う人は、社内社外を問わず、まずいないだろう。だから、本人が意識して装っていなくても、一種の「演出」といえるだろう。

「愚者の演出」という言葉は、司馬遼太郎の『坂の上の雲』から借用した。西郷隆盛や日露戦争の総大将、大山巌が、戦国時代からの大将学の流れをくんで、愚者を装ってすべてを下にまかせてしまう、というスタイルを取っていたという。これは、まさしく「フロー経営」だ。

「薩摩には戦国からの伝統として大将になった場合の方法というものがあった。自分がいかに賢者であっても愚者の大らかさを演出演技するという一種魔術的な方法である」（司

馬遼太郎『坂の上の雲』）

さて、ここで述べた「愚者の演出」、「賢者の演出」について、簡単に整理をしておこう。

1. 会社が危機的状況に陥った時、もし経営者が「愚者の演出」ができていれば、黙って座っているだけで従業員は有効な解決の方法を編み出していく。
2. 「愚者の演出」は、頭で考えてこうしようと思ってもできるものではない。人間性が高まり、心の底の劣等感が解消すれば自然にできる。
3. 劣等感が強い経営者は、「自分が賢い」ということを常にアピールしていないと生きてゆけない。これを「賢者の演出」という。
4. 「賢者の演出」をしている経営者は、危機的状況に接すると、理由を外に求め、解決策を自ら策定して再浮上のヒーローになろうとする。危機的状況は自ら招いたので、これは絶望的。従業員も自己防衛に走り、会社は非難合戦の渦の中で破綻に向かう。
5. 本来の議論は、参加者がマインドをオープンにして、何が本当の問題なのか、どうしたら解決するかを虚心坦懐に語り合うこと。ひとりでも「賢者の演出」をしている人がいると、これは難しい。

一般に議論は、表面的な論理で相手を打ち負かせばよい、という風潮が強いが、これは古代ギリシャの「ソフィスト（詭弁学派＝ソクラテスも属していた）」の伝統。論理は大脳新皮質が担当しているので、対話の中で述べているように、詭弁というのは新皮質だけを使ったコミュニケーション。

人は、攻撃的、あるいは防衛的になるとマインドを閉ざし詭弁で自己を防衛しようとする。そういう議論は物事を解決には導かない。

横田さんが黙って座っているだけで、議論がひとりでに解決に向かうのは、「愚者の演出」により皆のマインドがオープンになり、自己防衛的にならないから。これは脳科学的には、爬虫類時代までに発達した古い脳が活性化した状態。

「天外塾」では、そういう議論をお伝えしているが、あまり簡単ではない。質問でも自己紹介でも、理路整然と述べるのではなく、装いや恰好づけをなるべくやめて「ぐしゃぐしゃに」発言することを奨励している。それは、装いや恰好づけをして新皮質が優勢になってしまうのを防ぐためだ。

古い脳が活性化していると、物事の本質に触れられるが、アーノルド・ミンデルという心理学者はその本質のことを「タオ（道）」と呼んでいる。タオというのは、古代中国の老子の思想で、言語化できない物事の真実、あるいは宇宙の営みをあらわす。

東洋は、元々はタオを大切にして物事の本質を追究する伝統があった。そのために西洋人からは、なにを考えているのかわからないと批判され、また表面的な議論には弱く、ディベートでは負けることが多かった。

いまの日本は、西欧的な詭弁が優勢になり、皆ディベートに強くなってきたが、それと裏腹に「タオ」を重視しなくなり、議論は解決に向かわなくなる傾向がある。

第4章　採用力を磨く

横田さんは、1980年に37歳でトヨタビスタ高知（現・ネッツトヨタ南国）の実質上のトップ（父親が名目上の社長）になったとき、自動車の販売業務の経験はまったくなかった。しかしながら、未経験であることをあまりハンディーには感じなかったように見受けられる。

自動車ディーラーというのは、圧倒的に学生たちに不人気であり、なかなかいい人が採れない。だからこそ、「採用」に力を入れ、必死にいい人を集めれば競争力がつく。その人たちがノビノビと働ける環境を作れば、自分を抜いてはるかにいい会社になるのではないか、という構想を立てた。

そこから横田さんの工夫が始まり、とてもユニークな採用活動が始まった。

塾生「横田さんは社長になられてから、挫折とか苦しみとかはありました？」

横田「いや、それはないですね。苦労した覚えもない。外からは危機に見えたらしいことは、たしかにありましたけど……。会社がスタートしたときに、本当の意味での右腕がいました。私より1歳年上で38歳でしたが、4ヵ月で急に亡くなってしまったのです。〝あの会社これでお終いやね〟っていわれたらしいのですが、そんな時も私は意外と平気でした。

なぜかというと、トヨタの車を扱っている限りにおいては、よほどヘマをしないかぎりは大丈夫くらいに思っていましたね。とにかく時間をかけて、ちょっとずつ、ちょっとずつ良くしていこうと……。いい人財が集まりにくい業界ですから、そういう業界の中で確実にいい人財を獲得し続けていけば絶対強くなるとは信じていましたね。で、どうやったらそれができるか……。あんまりできない理由は考えないというクセがありました。それを、ひたすらコツコツやってきたということです」

塾生「良い人材を集めることができれば会社はよくなるというのは納得ですが、現実にはなかなかできない。私にとって一番難しいのは、いい人材をどうやって見極めるか、ということ……。そのコツをすこし……」

横田「それはですね……採用段階で見極める大きなポイントは3つありまして。ひとつは人柄です。人柄が良ければ、利己じゃなくて利他を考える傾向が強い。それからコミュニケーション力とチームワーク力は身に付きやすいです。人柄が悪い人がいると、組織全体が暗くなりやすいですから、人柄を一番重視していますね。

で、次に大事にしているのは価値観。何を大切にする人かというところを見ています。〝君は何のために働くの？〟というのは常に問い続ける。ひとりの受験生に一日に4～5人の社員が面談しますが、皆同じことをしつこく聞く。

何のために働くのか分かっている人は非常に少なくて、答えられる人はほとんどいません。生活のためとか給料もらうためというのはありますけど、大部分の若者は、それはどうも本当の答えではないなというところまでは気付いています。ただ、それにかわる自分の答えを持っていません。ですから、繰り返し問い続けます。正解は教えません。

また遊びにおいで、と何回も会社訪問に来てもらって、面談時間が最低延べ30時間。多いときは250時間。30時間というのは会社訪問5～6回。一回来てもらうと5時間以上ですね。で、先輩社員が次々相手をします。それ以上になるとインターンシップ2～3週間。プロジェクトチームの会議や全社会議を見学してもらったり、体験入社してもらったり、アルバイトに入ってもらったり、イベント手伝ってもらったりして、あたかも社員であるかのように一緒にいろいろやる。そうすると200時間超えます。で、途中で来なくなる人が多い……。元々はですね、落としたくなかったんです。落とすのではなく、〝確実に欲しい人が自然に残る〟〝入社したら簡単にはやめない〟、という状況を作るにはどうすればいいだろうということを考えました。まず、会社の良いところも悪いところも全部見せよう。徹底的に、見せ続けよう。入ってから、あれ？　これは違うやないか、と絶対思わせないようにしようって、やり続けているうちに、こういうスタイルになりました」

天外「最初から30時間もやったの？」

横田「最初の２～３年は短い人もいました。10時間ぐらい……でも、30時間、２００時間以上もいましたね。だんだん最低30時間が定着していった……。これは実は非常に労力がかかって、効率が悪いように思われがちなんですが、一番効率がいいです。ここでかけた時間は、その後、５年、10年で取り返せるわけでしょう。確実に取り返せますからね。それから面談するこっち側のレベルも上がります。２～３年前に入った先輩社員も相手しますからね。その先輩社員は、自分が会社訪問に来ていたころのことを思い出しながら話をする……それがまたいいんですよ。

会社ができたばかりのときの社員数は16人で、９年目は60人ぐらいの社員数になっていましたけど、その９年間で私が使ったお金が約１億。小さな会社の割には、外へ出したお金だけで１億以上ですから、とんでもなく大きい……。それプラス自分の人件費……。そのころの同業他社の５倍以上の費用と３倍以上の労力を使って藁をもつかむ思いで採用活動をしました。

その9年目に、誰かが、野球の選手みたいに、〝おたくの社員でちょっといいのを5人ぐらい売ってよ〟と、もし言ったとします。私は〝5億でも売らんよ〟というでしょう。ということは、先行投資としては安い。

こういうのをみんなどうしてしないのか不思議ですね。それだけやっぱり今、今日、明日のことばっかりで、10年、20年先のことはあまり考えていないのかなと思いますね」

天外「例えば200時間も、ずーっと付き合ったけれど、こっちから断るってことはないんですか？」

横田「それは残念ながらあります。最後に5人のうち2人くらいは断るかな……」

天外「向こうはガッカリしますよね。こんなに時間を使ったのにって……」

横田「いや、それは最初からいい続けます。この時間はあなたにとって絶対にマイナスにはならないよってね……。本人も入れるかはわからないという状態でいますので、落ちた場合も、それほどのショックはないでしょうね。ショックを感じろくらいの人は諦めません。じゃあアルバイトでも何でもいいから働かせてください、となります。それか、よそで2〜3年働いて、もうちょっと自分が成長したらもう一回受けたいですけどいいですかと、そういう感じですね。ですから採用は失敗しません。普通採用というのは60％くらいの成功確率だと思いますが、うちのようなやり方で長くやっていますと毎年1％ずつくらい精度が上がっていくんです。で、30年経っていますから90％くらいまで精度は上がってきています。ここでの労力は一見無駄のように見えますが、トータルでは実に効率がいい」

天外「当然定着率もいい？」

横田「ええ、辞める人はほとんどいません。普通自動車ディーラーは年間8％から10％程度退職しますが、私たちの会社は2％弱ですね。家庭の事情とかです。それ以外で辞める人はいません」

天外「鬱病になるなんて人は皆無ですか？」

横田「絶対ないですね。落ち込んでいる人がほとんどいないですから。ゼロだと思います。ときどきアンケートは取っているんですよ。幸せですか？　とか自分の成長が実感できているかどうか、常に自分で考えて仕事しているかどうか、周りから自分は認められていると思っているかどうか、コミュニケーションやチームワークは良いですか？　とかそういうことをずっと聞くんですけどね、まぁ全部クリアできる人が半分。1～2個ちょっとできていませんという人が残りの半分くらいで。これは相当良いレベルだと思います」

（表２）人財のポイント

１．人柄 謙虚、素直、思いやり、優しい	
２．価値観 人生観（哲学）、理念、志、方向性（ベクトル）、 物の見方、考え方、ビジョン	
３．人間力 感じる力、気付く力（観察力、洞察力）、考える力（分析力、創造力）、 行動力、探求心、コミュニケーション力、チャレンジ精神、情熱、意志、 勇気、感謝の心、挫折から立ち直る力、知恵	

「人材をいかに見極めるか」という話題は、横田さんに講師をお願いしているセミナーでも繰り返し語られている。ここで、２年ほどタイムスリップする（２０１２年７月27日）。

前方のスクリーンには、上記のような表が表示されている。

第１章でも述べたが、横田さんは、「人材」ではなく「**人財**」という字を使っておられる。従業員は「材料」ではなく、「財産」だ、という趣旨だ。

横田「人財を見極めるポイントはこんな感じになっています（表２）。最近気がついてきたのですが、人柄というのは大きな意味では人間力……だから、どうも１と３はつながっているね。思いやりとか、優しいとか、謙虚とか、素直とか、こんなのが人柄と言えるし人間力でもある。

最近の若者を見ていると、人柄の悪いという人はあまりいませんね。悪いことをするやつとか、ずるがしこいやつ、これもある種の人間力なんですね。そういう部分の人間力というのも、日本人はどちらかというと失ってきている……。振り込め詐欺などに騙されやすいというのは、人間力が弱いということでもあるんです。今は中国の人たちを見たらすごく悪いことをする人とか、嘘をつく人とか、騙す人がいっぱいいますよね。あれはある種の人間力だと思います。人柄のよさというのはすごく大事ですが、悪いという人はあまりいないですね。みんないいです。

次に大事なのは価値観。一番大事なのは人柄、2番目が価値観、3番目が人間力。企業でいえば理念。何を大事にしているかという価値観がその企業の持っている経営理念。あと、志とか、それからこういう言葉も近いですよ、ベクトル、方角……。ベクトルというのは日本語で言うと方角ですね、方向性。

よく中小企業の社長さんで、やっと最近うちの会社も社員のベクトルが合ってきたよ、なんていう方がおります。採用してからベクトルを合わそう、合わそうとするという、そういう行為って結構どこでもやっていますね。ただ、私にいわせれば、それは採用のときに合わせておけば一番簡単……あとは何もしなくていいですから。**ベクトルは採用のときに一番合わせやすいんですよ**」

塾生A「どうやってですか」

横田「会社を隅から隅まで全部見せます。そしたら価値観の合う人しか入社してこないと思いません？」

塾生A「採用面接のときは、来る人が、自分が一番いい格好したものを持ってくるし、こちらもいい所を見せようとするので……」

横田「しますね……」

塾生A「私たちは、こちらからいい所を見せるのはやめよう、ということにしました……。保育所なんですけれど、対面の面接のときには、中に一緒に入って保育をしてもらいます。それでもまだ向こうは就職したいと思っているし、こちらは人が欲しいと思っている。お互いに欲が前面に出ているので、やっぱりそこまで人間として掘り下げてということが、なかなかできない……」

天外「結構ポイントだよ、これ！　Aさんのところは、自分たちの装いをなるべく外そうという努力をしていらっしゃる……これは、すごくいいですね。でも、普通は会社側も就職希望者もいい所を見せようとして、装っている同士が会うものだから、こんなはずじゃなかった、になる。結婚でもそうだよね。恋愛というのは装っている者同士が好きになるから、大体裏切られるわけだよ。結婚と採用は同じだね……」

横田「入ってきてから、これ思ったのと違うわ……となったら悲劇です、お互いにね。悪いところも全部見せないといけない」

塾生「こちら側もあせっているんですね、きっと。早く決めないと、その人ほかに行っちゃうんじゃないかと……」

天外「採用する側は、常にその心配があるんだよね」

横田「それは問題対処的な考え方ですね……」

塾生「問題解決は何ですか」

横田「接触すればするほど、相手が近づいてくる。魅力を感じる。ああそうかと。よくわかってきた……いい会社やなと。こうなっていないといかんですね」

天外「面接する人も、いい人だけじゃなくて、ちょっと問題の人も面接を担当させたほうがいいかもしれないね」

横田「それはね、解決的な考え方だとそうなるわけです。私、初期のころ、そういうふうにしました。もう辞めそうなやつに会社訪問の学生の相手をさせたんです」

塾生「えっ！　本当ですか！」

横田「それで、うちを敬遠した若者もおったかもしれないけど、でも、逆に入ってきたやつもいました。その入ってきたやつのひとりが私に、入社して1年ぐらいたったときに、あのね、横田さん、あの先輩にこういわれましたよ、と教えてくれたんですね。〝おまえね、こんな会社やめておけやと……〟(笑)。その社員はすごく成長して、今関連会社のトップです。やめとけといった先輩は、その後、しばらくして辞めました。これって、すごいメリット……会社訪問してきた学生にやめとけといったら、いった当人はその日から自分が辞めるかどうかを考え始めるんですよ」
塾生「自分から辞めてくれる。すごいね……これ。でも、勇気要りますね」
横田「そうですね。勇気は要るでしょうね」
天外「勇気と、それから長い目だね……」

横田さんの会社では、問題がある社員を発見しても退社してもらう、ということはしない。それは、安易に肩叩きをすると「採用力」に磨きがかからないからだと言う。不都合な人を採用してしまった未熟さを、しっかり嚙みしめようとしないと、何とか育てようとするねばりがなくなるのだ。

優秀な社員を揃えようと思ったら「採用力」と「育成力」の掛け算が必要。「育成力」の中でも企業文化、職場環境が重要だが、それも優秀な社員がいるからこそ培われる。

企業文化がしっかり根づいてくれれば、不都合な人は居心地が悪くなり、ひとりでに辞めていく。経営の真髄は、どういう企業文化をいかに構築していくかだが、横田さんはそれを30年という歳月をかけて少しずつ良くしてきた。

最初の10年は、横田さん自身が先頭に立って採用を担当された。自動車ディーラーというと、ただ朝から晩まで車を売れ、売れといって社員にノルマを課して働かせている会社というイメージが強かったが、その先入観を根本的にひっくり返すためにどうしたらいいのかを考え、ありとあらゆる挑戦をしたという。

たとえば、筏下りのレースがあると横田さん自身が筏を製作して参加するとか、海に行く時には、ヨットやウインドサーフィンのセールにロゴを入れるし、スキーに行けば揃いのシャツに社名を書いてイメージアップを図るとか、新車発表会をモーターショーのような楽しい演出にしてみるとか、よさこい祭りに参加する、などなどだ。学生が集まる就活の会合に、そういうスライドを使ってプレゼンし、楽しい会社というイメージをアピールした。

横田「会社ができたときの1年目のリクルート用のパンフレット。こちらを読んでいただくと、なんか高邁なことが書いてある」

君は何処から来たのか
そしてどこへ行こうとしているのか

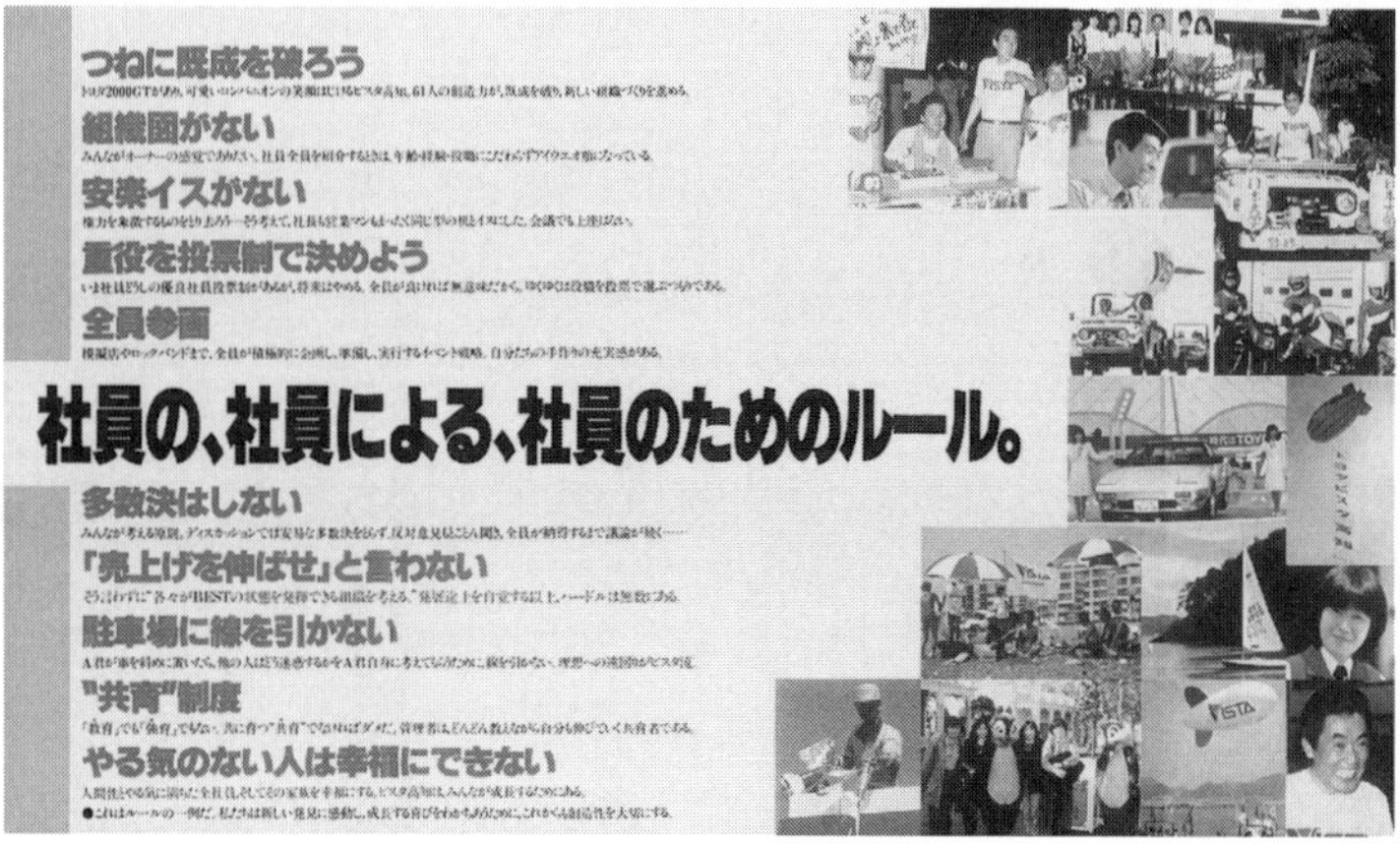

改善された2年目のパンフレット

次々と「今」を投げかけ過ぎ去っていく時の流れの中で
君の宇宙はどんな空間とタイムスケールを持っているだろうか
君の視点で考え行動するために
感性をみがいて自己の本質を知ろう
人々の真の考えを理解しよう
そしてさらに上空から群衆の動きをみよう
君自身もそこにいるはずだ――――。

トヨタビスタ高知（株）

横田「実はこれ、学生たちにはウケなかったんです。失敗作品ですね。でもいっていることは、いまと一緒です。それからちょっと反省しまして、2年目に作ったパンフレットには表紙に61人のクリエーターなんて書いていますが、このころ社員は30人ぐらいしかいませんでした（笑）。30

人じゃちょっと数字的に少なすぎるので適当な数字です。リンカーンの言葉をもじって〝社員の、社員による、社員のためのルール〟というキャッチコピーを前面に出しました」

社員の、社員による、社員のためのルール

つねに既成を破ろう
組織図がない
安楽イスがない
重役を投票制で決めよう
全員参画
多数決はしない
「売上げを伸ばせ」と言わない
駐車場に線を引かない
〝共育〟制度
やる気のない人は幸福にできない

トヨタビスタ高知（株）

横田「これはね。朝から晩まで車を売れ、売れ、売れといわれて、かばんを持ってその辺を歩き回っている会社じゃないよといいたかったわけです。たくさんイメージの写真を載せましたけど、全部、自分の会社でやったことを、私が写した写真です。よそから持ってきた写真はありません。ちょっと耳触りのいいようなことを書いていますけど、差別化ですよ。ほかの会社とちょっと違うぜと。これでだまされて入ってくるわけです（笑）。

これね、送るときに、和紙で作った封筒へ入れて、女性に筆で宛名と、それから自分の個人の名前を書いてもらいました。会社名なんて書かないんです。なぜかというと、その頃どうやったら採用で成功するかな、ということをいろいろ考え続けていたんですね。1年目にちょっと親しくなった学生に、君の下宿に夏の間にリクルートのパンフレット、山のように来るやろう？　あちこちの企業から。全部それ、譲ってくれないか。山のように来ているわけですよ。会社名を見ただけで、封筒を開けていないのが多い……。ということは、企業のリクルートの担当者は自分が学生に送ったパンフレットが封も切られてないということを知らないですよ。私は知ったわけね。あっ封も切ってないわ。考えてみればそうやろうな。社名を見ただけでポイですよ。よし、これをどうしようかと考えて、女の子に書かせてみた。それでちゃんと引っかかるんです。中にはこんな姑息な手を使いやがってと、開けて腹立てるやつもいるでしょうが、そういうやつは要らんやつ。私が採用したい人間じゃないわけですよ。〝これ、一杯食わされたわ〟と面白がるぐらいのやつが欲しい人財ですから、ちょうどいいんですね。

そのとき、その女の子に引っかかって入社してきたやつが将来社長になる男かも知れんなと思っていますけど、そういうほんのちょっとしたきっかけであの手この手に引っかかるわけですよ。それで、面白半分で会社をからかいに来るわけですよ。どんな会社やということで……それがミイラ取りがミイラになったという感じで入社してくる奴もいる……」

塾生「結構、陰謀的ですね（笑）」

横田「最初の10年間、採用の第一線の仕事をしたのですが、その間に男子四大生を24名採用して、あと、サービスエンジニアとか女子社員も採用したんですが、男子四大生の採用した24名の中で今残っているのは6～7人、それがほとんど今の幹部社員ですね」

塾生「24名ぐらい採用して、残っているのは6～7名……、楽しそうで、仕事もやりがいがあると思うんですが、意外に定着率が悪いという感じがするんですけど……」

横田「最初の10年間は、退職率はトヨタディーラーの全国平均と同じでした。8％から10％です。ということは、最初の10年間はそういう夢を持って、そちらに向かってはいたのですが、会社の中身はあまり良くはなってなかったんでしょうね。次の10年間で退職率が4～5％まで減りました。全国平均の半分です。次の10年間で退職率が1～2％に下がってきたという感じですね」

塾生「ああ、すごい改善があったんだ……納得しました」

ネッツトヨタ南国の採用選考では、ペーパーテストはあまり重視されておらず、知識や学業成績は一切配慮されていない。また、普通なら最も重視する「実務能力」も重きを置いていない。

さて、人材採用の問題は、前章の「問題解決に向かう議論」とまったく同じキーポイントを含んでいることに気づかれただろうか。

それは、人はとかく「装う」という特質を持っている、ということだ。誰しも他人の目を意識し、自分を恰好良く賢く見せようと、無意識のうちに涙ぐましい努力をしている。「装う」という性向は、大脳新皮質の営みだ。議論のときに「装い」が強いと、表面的な論理に流れて、物事の本質に触れなくなる。経営者が「賢者の演出」をしていると、非難合戦になってしまうのはそのためだ。

逆に経営者が「愚者の演出」ができていれば、人々も「装い」を解き、議論は本質的な解決の方向にひとりでに向かう。

採用活動も「装い」のぶつかり合いだ。会社側は、人を採用したいので、いかにいい会社に見せようかと心を砕き、受験するほうも就職したいので、徹底的にいい人、有能な人に見せようとする。「狐と狸の化かし合い」をやっているのが普通の採用活動だ。だから、いい人が採用できる確率はあまり高くはならない。また、入社してから「こんなはずではなかった」と辞める人が多くなり、定着率が下がる。

横田さんは、このような世の中の常識を根本から覆した。受験生に面接する人は、普通なら優秀な社員を選ぶのだが、この人はちょっと……と思うような社員にもどんどん面接させている。逆に、面接すること自体が、一種の社員教育にもなっている。「会社のいい所も悪い所もすべて見せる」という方針は、「装い」を徹底的に解くということを意味している。

会社側が「装い」を解けば、受験生も本音が出やすくなる。それでも就職したければ、やはり「装う」だろう。その解決策は「時間」だ。

人は、短時間なら簡単に「装う」ことができる。しかし、長時間になればどこかで狸の尻尾が出てしまうものだ。採用の面接を30時間から200時間やるというのはクレイジーに聞こえるが、人物を見極めるためにはどうしても時間が必要だ。

逆にいうと、普通は数十分程度の面接で採用を決めているが、それではいい人を採れる訳がない。

議論と採用と、2つの点で「横田英毅経営学」の真髄を紹介したが、いずれも「装いを解く」という特徴があり、表1（11ページ）の右側の「人間性経営学」であることに注目してほしい。世の中のほとんどの企業は、装うことが当たり前の「合理主義経営学」（表1の左側）を実行している中で、とてもユニークだ。

第5章　「やりがい」を求める人を採る

多くの会社では、採用は人事部が担当し、社長は関与していない。誰がどういう方法で採用しようが、あまり結果は変わらない、と考える人が多い。

その中にあって横田さんは、強い企業体質を作るためには採用がキーだと考え、自らが担当し、さまざまな工夫を凝らしていった。

横田さんの熱い語りが続くが、話題は次第に給与などの待遇目当てに来る人ではなく、「やりがい」を求めて就職しようとする人をどうしたら採用できるか、に移っていった。

横田「しばらく採用活動をしているうちに、多くの中小企業が何となく大企業を見ながら、それを模範にして採用活動をしている、ということに気づきました。本当はそうじゃなくて、中小企業は中小企業の強みを生かした採用をすべきでしょう。大きい会社の人に、〝どうやったらいい人材を採用できますか〟……あるいは……〝どうやったらいい会社になりますか〟と聞かれたときに、半分冗談ですけど、〝それ、給料安くしたらいいですよ〟っていうんです。でも、それだけでは言葉が足りないので、本当は給料を安くして、特に初任給を安くして、それでやりがいのある組織を作ればいい。次の段階で、会社を隅から隅まで見せて、できるだけ多くの先輩に会わせる。そして、その先輩方の意見に耳を傾けながら最終的に合否を決めるという方法にすればかなり精度が上がりますね。隅から隅まで見せて、先輩何人かと会わせます……。そうすると、2年や3年では辞めないですね。2年、3年で辞める人は、その段階で入社していませんから。

これは本当につくづく思うんだけど、どこの会社も一番大事な採用で一番手を抜いている。重要だけれど、緊急ではないんですよね。重要で緊急というのが日々の売り上げや利益などの業績に関するもので、これは結果なんですよね。だから結果から一番遠いところにある活動が採用ですから、緊急ではないということになります。二宮尊徳の言葉で「遠きを謀る者は富み、近きを謀る者は貧す」というのがあります。これと同じような教えもいっぱいあって、みんな知ってはいるんだけど、やってはいないですよね。

社員満足度の高い会社を作ろうと思ったら、感謝する人を採用したらいい……」

ネッツトヨタ南国では、「感謝」「感動」などの情動を大切にしている。そのため、新入社員教育の中に、四国のお遍路さん八十八カ所の一区間を、目の不自由な方と4泊5日行動をともにしてご案内するという課題を取り入れている。

寝食をともにして交流することにより、若い社員が、多くの気づき、感動、感謝を体験して、計り知れない影響を受けるという。

話は少し飛ぶ。横田さんの別の日のセミナー（2012年8月31日）で、再び「採用」が話題になった。最初は「なかなかいい人が採れない」という悩みから出発して、従業員の「働きがい」「やりがい」について議論が移っていった。

塾生A「働く人からすると、〝やりがいを感じていない〟という表現になるのでしょうが、私たちリーダーから見ると、〝プロの保育士としてのスイッチ〟が入っていないように感じます」

横田「なぜ？」

塾生A「必要とされていたり、感謝されたりする機会が少ない。自分たちが〝プロの保育士としてのスイッチ〟が入ったきっかけは、〝頼りにされたり、必要とされたとき〟という共通項が見つかったのですが、〝プロの保育士としてのスイッチ〟が入っていない保育士、例えば靴下を忘れてくるとか、身だしなみが整わないとかいう保育士は、感謝されたり必要とされたりすることが感じられていないのではないか……」

横田「なかなか人が採れない、というお悩みでしたが、皆〝プロの保育士としてのスイッチ〟が入れば、給料が安くても労働時間が長くてもその人は辞めませんし、そういう組織のうわさを聞きつけて、ぜひおたくで働きたいという人が来るはずですよね」

塾生Ａ「その給料が安くてもということですが……私はそう思ってずっとやってきたんだけれども、うちの幹部はじめスタッフが、やはり給料が安いというのは今の時代は駄目という。入社する決断に給与という決定要因が大きいのではないかというところで、私自身が経営者としてぶれているところはあります。わからなくなっています」

横田「お金のために働く人と、そうじゃない価値観のために働く人と分かれますよね。だからいろいろいるんですよね……世の中には」

天外「どっちに来てほしいわけ？」

塾生Ａ「お金でないほうです」

天外「だよね」

横田「そういう人が集まったらいい仕事をするので、収入が多くなって、分配が多くなる。結果として給料はかえって上がる……」

塾生Ａ「結果として……」

天外「だから、まず初任給を安くしたほうがいい人が来るんじゃない？」
塾生Ａ「そうですか」
天外「だって、いまそういったじゃない。要するに給料を目的に来る人よりも、給料が安くても働きがいを持った人に来てほしいわけでしょう？　だから、給与を安くすればいい……という単純な理屈」
塾生Ａ「頭ではわかるんですが……」
天外「でもそれ、そうでしょう？　給料をどんどん安くしてみたらいいよ……。うんと安くすると、すごくいい人が来るかもしれない……」
塾生Ａ「えっ！　そうですか？　皆さん……」
天外「でも、理屈から言うとそうなるでしょ。給料目当てに来る人は欲しくないわけでしょう？」
塾生Ａ「はい……」
天外「給料目当てじゃない人に来てほしいわけでしょう？　だから、給料を安くすればいいというのは当たり前の話だよね。ところが、いま給料を安くするとたぶん人は来ない、と皆は思っている。おそらくその通りでしょう。それはなぜか……」
塾生Ａ「知りたいです」

横田「この前、リビアで女性の記者が殺されましたね。あの女性なんかもそうですよね。給料を求めて行った訳ではない。やりがいがあるからああいうふうにやっていたんでしょう。お医者さんの免許を取ってアフリカへ行ってボランティアをやっている人がいますね。幼稚園を作ったり、保育園を作ったりして。そういう人、いっぱいいますけど、やっぱりやりがいじゃないでしょうかね。やりがいを高めるためにどういうふうにしようかというのを重役会議で話題になります？　あるいは幹部会議で……。そんなのが話題になる会社、ないですよ……。

やりがいという言葉を使っても、その言葉というのは漠然と使われていて、働く人にとってやりがいとは何かということは明確にはなっていないんですね。

働く人の幸せは、だから、答えはひとつしかない。〝やりがい〟。生きている人の幸せも答えはひとつしかありません。〝生きがい〟。その〝やりがい〟や〝生きがい〟って何だということになったとき、答えはたくさんあって、人によって少し違うかもしれない。でも人間は大体共通となる部分が多いから、私にとってこれがやりがいであって、ほかの人は全然そうじゃないというのはあまり多くはない。

どうやったら人はやりがいを感じて働くことができるかというと、人間力を発揮すればいい。人間力を発揮しようと思ったら、人間力を高めないといけない。人間力が高まる組

織を人間性尊重の組織と私は呼んでいます。人間力は、精神的若さ、経営力など……。それから、感じる、気づく、考える、発言する、行動する、反省する。全部これは頭に〝自ら〟とつきますけど、促されたら、これは外からの動機づけになってしまいますね。上からは何もいわないけど、従業員は自ら考えているというふうになれば一番いい……。一番いかんのは、〝何も考えんでいいから俺のいうとおりやれ〟というの……。〝もうちょっとこういうことを考えてみい〟というのは中間ぐらいですね。こうやって考えていきますと、大企業というのは〝やりがい〟よりネームバリューや安定性や給料を求めて来る人ばかりになるから、だんだん苦しくなりますね。採用がうまくいかないようになる構造的な欠陥がある、往々にしてね……」

横田「元大企業の方がおっしゃっています（笑）」

天外「そうでーす」

天外「人気が上がると駄目になっていきますね、もろに……。それは、一流大学の成績優秀なのが入ってくるから。そうするとどんどん駄目になってしまう、会社は……」

横田「人気にひかれて入ってくるんです。待遇がいいから群がってくる。その中から筆記テスト3時間と、面談3時間ぐらいでは本物はまず見つけることはできません。90％ぐらい失敗しているんじゃないかなと私は思います。採ったらいい人は10％ぐらいは採れています。それが天外さんのおっしゃる不良社員になるわけです、将来的にね……」
天外「もう、ソニーには不良社員は、ほとんどいないでしょう。素質のある人材は採れていないから……」

横田「中小企業は人気がないから、人がこっちを向いてくれない。そういう悩みはありますね。ところが採用で苦労はするんだけれども、逆に中小企業のほうが採用はすごく有利なんですよ。人気や待遇にひかれて寄ってくる人は最初からいないから……。もしその会社がやりがいのある組織を作ったら、やりがいだけを求めて入ってくる人の集団になるんです。でも〝うちの会社はやりがいがあるよ〟と言っても相手に通用しないし、そういう誘い方はしないほうがいいですね。隅から隅まで見せて、相手が、〝ああ、この会社、やりがいがありそうやね〟と思って入ってくるというふうにしないと駄目……。
待遇がいいとやりがいがあると思っている人、結構多いです。労働組合なんか年がら年中そんなことを言っています。もっと休みを多くしてもらわないとやりがいが感じられません、なんてね……。給料、賞与をもっとたくさんもらわないとやりがいが感じられませんん……。そんなことは関係ないです。わかります? 休日が多かったらやりがいがあるか。365日休み……やりがいゼロでしょう? 給料、賞与も関係ないですよ、やってる時の話じゃないでしょう。だから、会社で働くことにやりがいはないんだけど、待遇がいいから、休みが多いから、有名企業だから、歯を食いしばって頑張ろう、となっているからメンタルヘルスの問題を抱えるんです……」

塾生「お話はよくわかるんですが……論理としてはね。でもなんか、あまりしっくりこない。僕の感覚とは違うな……という感じです。僕的には、働いている人の求めている給料を出してあげたい。せめて、働いている人の求めている給料を出せるぐらいの会社になりたいというのは経営者の健全な目標のような気がしますが……」

天外「それはその通りです。従業員にまともな給料を出す、というのは経営者の務めですね。でもあまり高いのは問題……。あまりに高すぎたら駄目というのは未来工業の創業者、山田昭男さんがおっしゃっていたね。タクシーとかバスの運転手と同じような仕事をしているのに、飛行機の運転手は法外に高い。だからJALがおかしくなった、とかです。出しすぎたらなぜ駄目かというと、そういう待遇に群がってくる人の集団にいつの間にかなってしまう」

横田「JALは戦後50年間ぐらいは、常に人気ランキングベスト20入り。なぜ人気が高かったかというと、その制服であれ、ステータスであれ、給料とか待遇全般がよかったから。だから、それにひかれた人が多く入ったんですよね。そこへ今度稲盛さんが行って、決算書をみんなに勉強させました。お金の流れがどうなっているかというのがわかったときに、パイロットが何て言ったかというと、〝私らはこんなこと全然知りませんでした〟。ただ自分たちが給料をもらいたい、賞与をもらいたい、それだけのことで、お客様からのお金がこういうふうになって回ってきて自分たちの給料になっているということは全然知りませんでした、ということですよね。教えるというよりませんでした、というから、それだけ教えてないということですよね。教えるというより、経営者の持っている情報を社員が共有するという話です。そうしないと経営意識にはなりませんよね」

天外「ブラジルのセムコ社というところは、給料は自分で決めさせるのね。でも、ずるいのは、経営者が低い給料を自分で設定している……。それ以上の給料はなかなか申請しにくい。申請したらその通りもらえるわけよ。でも、全部公開されるから、自分が何番目ぐらいかというのはすぐばれちゃうんだよね。そのかわり、今の横田さんのお話と同じだけれども、掃除のおばさんに至るまで財務諸表の読み方を教えているわけ。徹底的に情報を出して、お金がどうめぐっているのか、給料がどこから来るのか、自分で考えさせるわけ。これは最も極端で、まだ日本で給料を自分で決めさせている会社、僕は聞いたことがない……そのうち出てこないか」

横田「名南製作所が昔からそうですね」

天外「どこにある会社?」

横田「名古屋の南のほうですね」
天外「何を作っているの？」
横田「これはどこか未来工業に似たような会社です。合板を作る機械。大根のけんを作るように丸太をずっと切りますよね。それを広げて、糊で貼りつけて、合板を作りますよね。その機械を作っている会社です」

天外「さっきＡさんの話に対して、要するにいい人を採りたいと思ったら給料を安くすればいいというのが理論的に正しい結論だけれども、山田さんの未来工業では必ずしもそうしているわけではない……。というのは、山田さんは外発的動機と内発的動機をあまり区別しないで、両方満足させるようにしています。会社の中だけだと内発的動機でフローに入って無茶苦茶やる気になってということにそれほど期待できない、という認識のもとに、外発的動機のところもきちんと配慮するという方針ですね。チクセントミハイばっかり読んでいる人はすべて内発的動機じゃなきゃいけないということで、１００％そっちに振ってしまうと、場合によっては間違える可能性があります。生身の人間相手ですからね。その辺、注意しないと……。

ただ、成長とかそっちを考えたときには外発的動機は貢献しない。外発的動機では成長するということはありません。内発的動機のほうを大事にしてあげないと、人間的成長の方向には行かない……。でも、会社経営はそれだけでは立ち行かない。山田さんは、その辺を直感的にうまくバランスを取って、給与もそこそこ出している……。自分のところの社員が、同窓会でほかの人としゃべっているときに〝お前んとこ給料安いな〟といわれたらアウト、という感覚です。給料を他よりちょっと高くして、誇りが持てるように……誇りといっても、次元の高い誇りじゃなくて、表面的な虚栄心に近いようなものにも配慮していることです。もう少し詳しくいうと、山田さんのところは入社の選別を一切していないから、外発的動機をある程度配慮しなくてはいけない。横田さんのところは、選別が厳しいから、山田さんのところに比べたら内発的動機よりのマネジメントが可能でしょう。そのあたり、いまいる従業員のレベルを考慮しないで、杓子定規に理論だけで突っ走るとおかしくなります。

ただ、Aさんの問題に対しては、いい人を採りたかったら給料を安くすればいいと。これは理論的に絶対正しいわけよね。理想論です。でも、いま給料を安くしたら誰も来ない……これが多分厳しい現実……。理想と現実の間に大きなギャップがある。それは何故でしょうか、というのをちゃんと掘り下げて見ていかないと問題発見はできません。さっきからの横田さんのお話の中に、その答えがほとんど出ちゃったんだけれども……。でも、それを単に伝えるのではなくて、自分のところのスタッフに考えさせないといけないよね。その答えを聞いたのはAさんだけだから。スタッフは聞いてない……。それをスタッフが発見していくというプロセスがすごく大事だと思う。その発見をした上で、現実は外発的動機と内発的動機を意識して、両方うまく塩梅してやればいいと思う」

多くの中小企業経営者は、「なかなかいい人が採れない」と嘆いておられる。いい人はみんな大企業に行ってしまうから、うちなんかは受けに来ない、というのだ。

横田さんは、まったく逆の発想をする。中小企業の、しかも学生にあまり人気がない自動車ディーラーだからこそ、大企業よりもはるかにいい人が採れるチャンスがある、というのだ。

大企業に行く人は、安定性、いい給料、世間体など、外的な条件を第一義的に考える傾向が強い。それは、横田さんが来て欲しい人ではない。たとえ給料が安くとも、自らを磨き、大きく成長する可能性を求めて入ってくる人を求めているのだ。そのためには、不人気業種の中小企業は圧倒的に有利だという。

私は、ソニーに42年間勤務したが、入社したころ（１９６４年）は、学業成績劣悪（東京工業大学、電子工学科でびりから二番）な私に向かって「あんな会社やめておけ」と、就職担当の教授がいうようなレベルの会社だった。その後、学生の就職人気度はどんどん高くなり、十数年にわたってトップを維持した。

経営陣はそれを誇らしげに語り、喜んでいたが、人気が高くなるにつれ、逆にユニークな人材が採れなくなったことを、私は実感している。一流大学の成績優秀な人たちが殺到してくるようになると、どうやら会社は破綻に向かうらしい。

一般常識とは逆だが、横田さんのいうことの方が真実に近いと思う。

企業の経営の正解はひとつではない。山田昭男さんが創業された未来工業は、ネットトヨタ南国と同じように「人間性経営学」を実行しているが、人材の採用に関しては横田さんとは正反対の方針だ。

人が必要になるのは現場だという理由で、どういう人を、いつ、どういう待遇で採用するかの一切を、現場にまかされている。そもそも人事部がないので、上からの管理は一切ない。

「まあ多分、現場のマネージャーは、自分より高い給料は出さんだろうなあ……」と、山田さんはいう。すべてが大雑把なのだ。

また、採用の面接などなく、募集をして最初に応募してきた人を採用する習わしだ。つまり、未来工業では「採用力」を上げようという努力は一切していない。それでもうまくいっているのは不思議だ。その謎に関しては、次章で詳細に議論する。

第６章　育成力を磨く

天外「山田昭男さんのところの未来工業は早い者勝ちで、応募してきた人から採用してしまう、と聞いています。だから、全然選別しないようです。横田さんのところは、採用力を重視して、ものすごく時間をかけて選別をしておられますね。その違いはなんでしょう？」

横田「そうですね、選別しないといけないというのは、私どもがまだまだ未熟なのでしょう。選別するという行為は、厳密にいうと問題解決ではなくて、問題対処ですから……」

天外「えっ！　そうなんですか」

横田「……育成力がないということの裏返しなんです。どんな人が入ってきても一流の

【図1】会社の育成力と社員の成長力

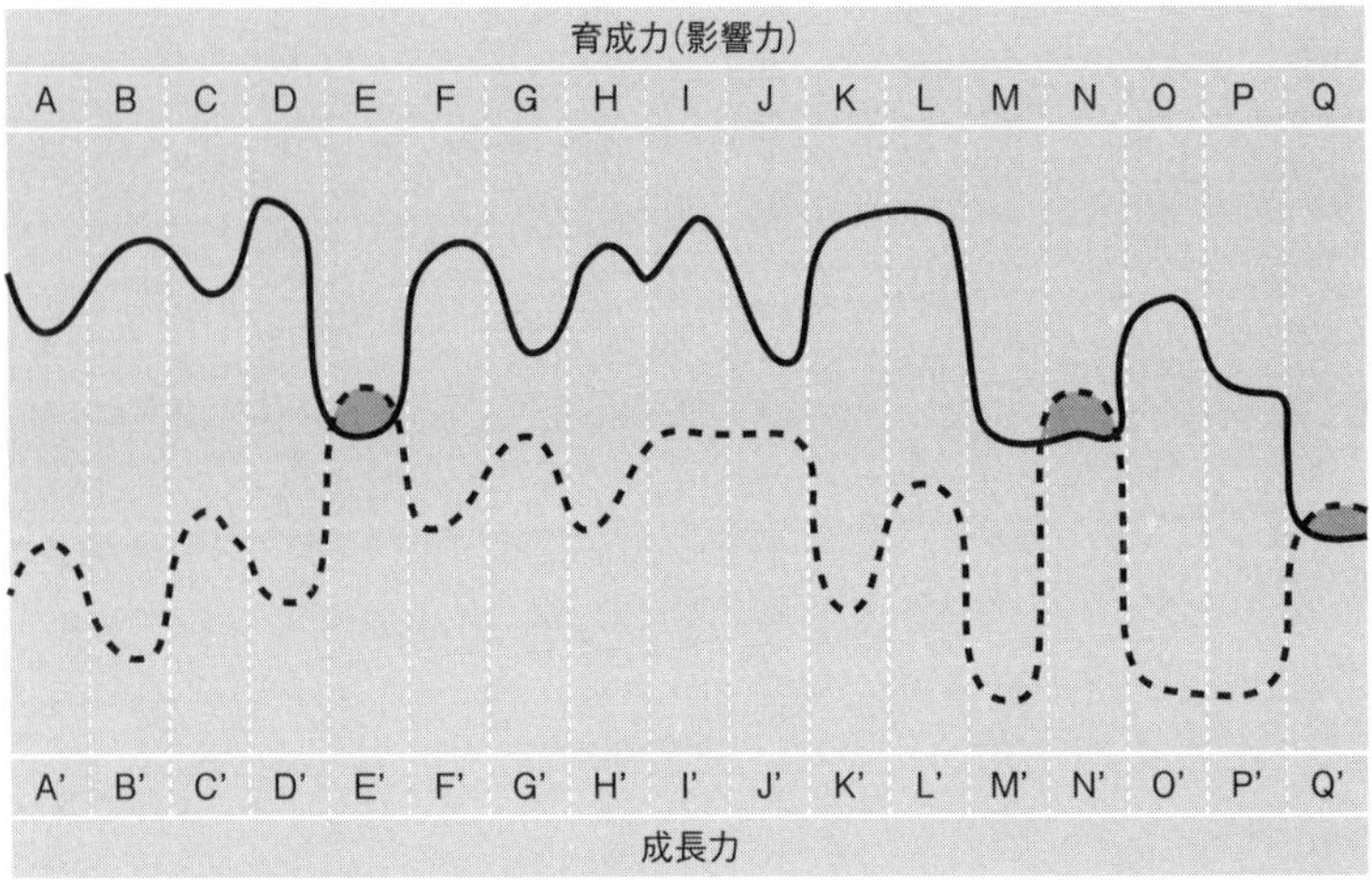

実線は「会社の育成力」、点線は「社員のレベル（成長力）」をあらわす。この図ではE、N、Qの３つの項目に接点があり、その項目は伸びる。人材育成力のある会社はすべての項目で接点がある

社員に育て上げるというのが育成力のある会社ということになります。だから、図にするとこういうことですよ（図1）。社員のレベルというのはどんなになっているかというと、長所あり、短所あり、いろいろな項目でデコボコがあるのは当然ですよね。育成力というのは上から来るんですよ。育成力が強くて、レベルの低い項目まで伸びていれば、その人はその会社で伸びる。育成力と本人のレベルが届かなかったら伸びない。本当に人財育成力のある会社というのは、上から育成力がびゅっと伸びていて、全部の項目で接点があるから、ほとんどの人を引っ張り上げることができる。そんな意味です」

塾生「要するに価値観さえ合えば、いくらでも育てられるということですよね」
横田「価値観が合ってもそうとは限らない」
塾生「人柄と価値観と……」
天外「育成する力というのがまた別にあるんじゃない？　いい人を採用できる力というのが採用力だし、それとはまったく別に、入社してきた人を育成する力というのもある……。だから、逆にいうと、自分のところの会社の育成力をちゃんと把握しないといけない。育成力に合った人を採用する……。育成力も採用力も、両方とも上げていくと、長い目で見たら強力になるでしょうね」

横田「この話は、ほかのいろんなことにも当てはまりますよ。例えば上から来るのがモラルで、下から来るのが運転技術。運転技術が下手でもモラルが高かったら事故は起こらないでしょう。モラルがちょっと低くても、運転技術がものすごくあれば事故は起こさないでしょう。そういうふうにも当てはめることができますよね」
塾生「育成力というのをもう少し因数分解した言葉にすると何になるんですか」
天外「何だろう。感化する力かな……」
塾生「洗脳とは違いますか？」
横田「影響力もそのひとつ」

天外「洗脳でもいいかもしれないけど。一般的には従業員が自分は優秀な社員になるぞと、心の底から決心して、着々と努力するようになる……自然にそっちに向かうような環境とか、雰囲気がある……ということかな。ひとことでいえば、感化力、影響力でしょう。優秀な社員のサンプルが、あちこちに豊富にいる必要もあるね……。この図（図1・84ページ）のように項目別に考えるときには、その項目の能力があからさまに問われる職場で伸びるだろうね」

塾生「この図1で、縦軸、横軸は何ですか」

横田「横軸は項目。理解力とか、包容力とか。縦軸はそのレベルであり、また育成力のレベルでもあります」

塾生「個人の項目別の保有レベルと、その項目の育成力に、接点があればいいわけですね」

横田「そうそう。たとえば、居酒屋でものすごく特化した居酒屋があるでしょう。やたら大きい声で〝らっしゃーい〟とやったりするところ……ああいうところは、それに合う人がポッと入っていくと伸びていくわけですよ。その合う人というのが、上から来た育成力と、下から来た本人のレベルに接点がある、ということです。本人のレベルが育成力に届かないと、その会社に入っても駄目ですよね」

天外「業種によって必要とされる人財も違うから。会社によってもね。だからあまり一概にはいえなくて……それぞれの会社ごとにこのチャートがある……。育成だけじゃなくて、何か相性みたいなものも、これに含まれていそうだね……」

塾生「相性というより、もともとその仕事をやりたくて入ってきたわけじゃない人がいるときにどうしたらいいんでしょうか。僕らは飲食業をやっていると、本当は美容師になりたいとか、いろんな違う夢を持ったまま入ってくるんです……。そういった子にやりがいを持ってもらうときに、哲学とかがすごく大事なことだと思うんですけど、それをトップが語ると教えるということになってしまいますね……」

横田「うん。いや、だから教え方を少しでも本人に気づかせるような教え方……それは工夫すればできる。たとえば飲食業に入りたいと、もともと全く思っていなかった人が入っている。彼はひょっとしたらやりがいを感じていないのかなと思ったら、〝自分がやりたかった仕事じゃない仕事に就いても、すごいやりがいを感じて働き始める人がいるらしいけど、そういう人って何がどうなってそうなるんかねえ〟というような問いかけをポッと投げかけて、あとは相手に考えてもらう。ひょっとしたら気づくかもしれない。そういうことをしょっちゅうしていないと気づかない。いきなり教えたらやっぱり駄目かもしれない」

塾生「何か説教みたいになっちゃうところがあるのかな、というのは思いました」

天外「……というか、本人が仕事の中に喜びを見出したときに哲学を発見すると思うんだよね、言葉じゃなくて……。それはフロアでも調理でも、何かその中にすごい喜びを発見していくことが大切で、本人が発見しないで、言葉で哲学を語っても何も起きない。皆さん、永田雅乙という人は知っている？」

塾生「知りません」

天外「飲食業界のカリスマコンサルタントで、横田さんのご紹介で、フロー・インスティテュートの会合で講演会をやったことがあります。彼は、飲食業界は人を選別することはできないというわけ。要するに人が来ないから、誰か一人でも来たらハッピー……。来た人が永田さんと出会って変わっていく。すごい感化力を持っている人で、だから、それこそ哲学を上から押しつけるのではなくて、一緒になって便所掃除したり、いろいろしながら燃える人間に変えてっちゃう……。どんな人でも変わるといっています。彼はすごい……どんなに人気のないレストランでも、俺がやればたちまち大繁盛店にするといっている……だって、〝一人でも客が来たら、その客を感動させればいい……簡単だよ〟というわけ。ちょっと話を聞くといいかもしれないね。彼はそういうものすごいノウハウを持っていると思う」

塾生「それは教えるというよりも、本当に気づかせる？」

天外「全く教えないね、彼は。中国に行ったときの話がすごくて……」

横田「とにかく外食産業はこれから中国だと。なぜかというと向こうは10倍人口があるから、人口が多いところは外食産業もそれだけ発展する。日本のベースができ上がっているから、それ全部部下にまかせて、単身、中国へふらりと行って、中国のまちを歩き回って、レストランを観察する。中国語も全然できないけど、中国人の友達を作って……女性だと思うけれどね……中国語を教えてもらいながら、その人を通訳にして、３ヵ月ぐらい放浪したのかな。それで、はやっていないレストランを従業員ごと買い取ったんです。従業員は３人。やり始めたら、従業員が全然働かん。自分も一緒になってサボったんです。似たような話は教育学にありますよね」

天外「Ａ・Ｓ・ニイルのね。盗みをする子どもと一緒に校長が盗みをやった……」

横田「それと同じように従業員と一緒にサボったんです。で、そのときに、〝俺たちの給料ってどこから来るのかな〟みたいな、そういう話をするわけですよね。それから、とにかく仕事はせんけど出勤してくる。それに感謝しよう。〝今日来てくれてありがとう〟……もう感謝、感謝。それで、何かしてくれたら、それしてくれてありがとう。褒めたらいかんという話もあるけれど、彼は褒めまくったわけ。何かしてくれたら褒めたわけ。今までできなかったことができたら褒めたわけ。そうやって褒め続けて、感謝し続けてやっているうちに、そいつらがすごい幹部社員に育ちましてね。次から次へ彼は中国へ出店していって、出店したときに、その3人がその店へ行って、それで永田雅乙君から自分たちが受けた教育と同じことを中国人にするわけです。これはすごいシンプルですからね、やっていることが。感謝する。ありがとうを一日100回いう……」

天外「あと、一緒に住んで、食事を作ってやったんだよね。彼、もともと料理人だから」

横田「食事も、自分ですごくおいしいのができますからね。料理コンサルタントですから。だから、彼らに感謝される人間になったわけですよ。次々とやっているうちに、四川省へ出店して、その3人が行ってスタートした3日目に地震が起こって、その3人亡くなっちゃったんです。それで、その3人というのが、中国の正月、家に帰らなかったらしい。仕事が面白いから。中国人というのは正月にみんな家に帰る。生まれ故郷へね。その3人は帰らなかったらしいね。それで、そういう3人だったけど、地震で亡くなって、それで、永田君は葬儀に、その3人の住んでいる町へ行って参列したらしい。そうすると、あの子を殺したのはおまえかということになったらしいんです、親戚とか近所の人たちが。それで、これはちょっと大変なことになったなと思ったんだけど、次の瞬間に、両親が、いや、うちの息子は彼の下で働けて本当に幸せだったと思う。なぜかといったら、正

（表3）

経営戦略　＝　人財戦略
（文化レベルの向上、風土作り）

① 組織図を作らない
② 上意下達をしない
③ 多数決をしない
④ 真似をしない
⑤ プロに頼らない
⑥ マニュアルを作らない
⑦ 失敗を咎めない
⑧ できない理由を探さない
⑨ 教えない

月に帰ってこなかったからね。それだけ仕事が楽しかったみたいだというふうにかばってくれたという話がありますね」

塾生「すごい話ですね！」

横田「人財育成といっても、その方向性が問題ですね。どういう人に育ってほしいかという……皆が皆〝らっしゃい〟と叫ぶ人を求めている訳ではない……。それが戦略です。私は、〝人間性を尊重する〟〝人間力を高めていく〟という人財育成を目指しています。それが私たちの経営戦略の中で、一番重要な柱になっています。どうやったら人が育つのかということを考えて、語呂合わせで、〝こんなことはしていません〟というのを9つあげます（表3）。普通どこの会社でも当たり前にやっている項目ばかりです。それをあえてやらない……変でしょう。なぜかわかります？　こういうふうに、常識と逆のことを常に意識している会社って少ないでしょう。でも、私たちのネッツトヨタ南国は32年間ずっとこういう考え方でやってきました。これがいいと思える理由わかります？」
塾生「その人が本当の力を発揮しやすくする」
塾生「自分で考えるようになる」
塾生「主体性……」
塾生「人間尊重？」
塾生「自立？」
横田「これね……組織図というのは問題対処なんです。上意下達も問題対処なんです。多数決、問題対処。真似をするのも対処。プロに頼むのも対処。マニュアルは典型的な対処。失敗を咎めるのは対処。できない理由を考えるのも対処。教えるのも対処。だから、我々は、問題対処はしません。**問題解決**をしますよ、という宣言なのです」
塾生「普通は、プロに来てもらったほうが、質が上がるし仕事も早い。素人だけでやっていると心配ですよね。それをあえて〝プロに頼らない〟と宣言するのは、どうしてですか？」
横田「プロに頼らないのは、プロに頼るのは問題対処だから……」

塾生「自分たちで考えなくなるということですか？」

横田「そうですね。プロに頼っても、そのプロほどはうまくはできないんですね。教えてもらってやるわけですから、そのプロの力量の70～80％のことしかできません。プロに頼らずに自分たちでやったら、50～60％のことしかできないとしますか。ところが、頼らないで50～60％のことをしながら自分たちで改善を加えていくと、いろんなメリットが出てきます。この50～60％が、60～70％にだんだんなってきましてね。そうなってくる過程で社員が成長する。プロに頼ると成長しませんからね。言われてやらされているという感じになって、ロボットになるわけです。ところが、自分たちで考えてやるんだから、自分たちでどんどん成長していって、50～60％のことしかできなかったのが、60～70％ぐらいできるようになって、最後はプロ顔負けのようなところまでいきますね、見ていると。そうするためには、やらないといけないことはいっぱいありますよ。採用も今までと違うやり方にしないといけないし、社員を育成する方法も実績だけで評価するような人事考課じゃ駄目ですよね。プロセスや質を常に注目して見ていくような、そういうやり方をしないといけない」

塾生「教えない、というのも、かなり過激ですね」

横田「我々は、会社ができて５～６年たったころからかな……ランダムに営業マンを上司が呼びましてね。〝誰々君、ちょっと来て〟と、一日が終わったときにね。それでA4、1枚の紙を前に置いて、朝、会社に何時何分に来て、何分間掃除して、朝礼が何分間あって、その後、書類やらテレホンコールを何分やって、次にお客様の誰それのところに行って、どんな話をして、次にそこからどこに移動して、誰とどんな話をしてというのを全部ヒアリングしたんですよ」

天外「それはノート取るのは上司の方?」

横田「そうです、上司。これは結構しんどい……ひとりあたり、時間を20～30分かけてやるわけです。そうやって、その人が一日を有効に使っているかどうかということを上司が知る。

ただ、そこで問題が見えてくるでしょう。〝こいつ、仕事になってないね〟と、わかるじゃないですか。そのときね、〝おまえ、こんなんじゃいかんぞ〟とは絶対にいわないのです。それをいうと、本当のことをいわなくなりますから……。上司は聞くだけです。聞いて、上司が自分の日ごろの行動のどこに問題があったかを反省するだけなんです。**変えられるのは未来と自分。変えられないのは過去と他人です**。部下を変えることはとても難しい……できんとはいいませんけど。だから、上司が自分を変えるためにそれをやる。プロセスの〝見える化〟です」

天外「ああ、これはすごいですね。上司は100%受動的、何にもしない。指示・命令・叱責・激励はおろか、注意もしなければ教えることもしない。ただ聞くだけ……。究極の〝存在のマネジメント〟だね。本当はこれが理想です。モンテッソーリ教育でもサドベリー教育でも、教師は100%受動的であることが原則です。そのほうが子どもはよく育つ。でも、上司にはかなりの忍耐が要求されますね。普通は問題があったら、ついつい、いいたくなります……」

横田「そこが、我慢のしどころ……。これをやっているうちに、だんだん物足りなくなりましてね。何をやり始めたかというと、そのころ、MDが出始めたんです……小さいんです、あれ、録音機としては。ポケットに入るんですね。その録音機をポケットに入れて、ネクタイの後ろにピンマイクをつけて、お客様のところへ入っていくときに、スイッチを入れて入っていくんですね。15分、20分、会話をするでしょう、お客様と。それを全部戻ってきて、上司と一緒に聞くんです。そうすると、こんな商談じゃ売れるわけないやないか、というのがモロに見えてきます。そうすると、上司は反省します……反省はするんですが、〝これじゃ売れんぞ〟とはいいません。いっても、それはあんまり効果がないんですよね。上司は本人と一緒に聞くだけ……」

塾生「聞いた後に、結びの言葉というのは何もないわけですか」

横田「結びの言葉は、いわんほうがいいように思っています」

塾生「〝今日もご苦労さん〟で終わり？」

横田「そうですね。それ、20分ぐらいの、自分がお客様とやり取りしたのを聞いたら、本人は、あ、ここまずかったなというのが2〜3ヵ所はわかるんですよ。上司は10ヵ所以上わかる。上司は日ごろの指導をどう変えたらいいかなというのをそのとき考えていますけど、本人にはいわないです。これ、いっても無駄というのは、私もわかるんですが、私の下にいた何人かの部下は、同じようにわかっていましたね。だから、いいませんでしたね」

塾生「そんなこと何のためにやっているんですか、というようなことは聞いてこなかったんですかね。何のためめか、本人にわかるんだろうか」

横田「もし聞いてきたら、いや、それは君がお客様とどんな商談をしているのか私が知りたいからだよ。私が知ることがこれをやる意味で、それ以上のものはないよという、それでいいんじゃないでしょうかね。これはね、よほどの信頼関係がないとそういうのはできないんですよ。よそのトヨタのディーラーでこういうのをやったというのは、ほとんど聞かんですね。私は聞いたことはないです。〝見える化〟です、これ。ですから、トヨタ生産方式の中の考え方のひとつですよね」

天外「トヨタ生産方式？」

横田「現地現物主義というのもトヨタ生産方式の考え方ですよね。間接的な報告を聞いて判断しては駄目だ、という意味です。現場に行って、現物を見て考えろ、ということでしょう。トヨタの工場の中では、何か報告があったときに、〝それ、おまえ見たか……〟と、〝部下からそういう報告を聞いただけやないか〟というのはしょっちゅうある話です。おまえ見たかと……という話です。営業現場でそれを見るように工夫したのが、録音してきたものを上司が聞く……ということは、現地現物主義の営業版です。そのお客さんとどんなやり取りしているかというのを上司が知るということは、現地現物主義の営業版です。その話をしていたら、私に、〝あんたね、トヨタ販売方式という本を出したらどう?〟という人がいましたけど、それ出したらちょっと反感を買うで、ということでやりませんけど」

塾生「いまのお話の中で、録音を聞いて、要はこのやり取りはこうだったけど、本当はこうするべきだよねという指摘をしないということですね。ただ聞くだけでも、本人も少しはわかっている……」

横田「20%ぐらいわかっていると思います」

塾生「でも上司の方は一緒に聞きながら、それの倍ぐらいわかっている?」

横田「いや、本人が2割だとすれば、5倍……」

塾生「……というお話があって、間違いなくそれは目の前でいま振り返っていて、本人も話した記憶が鮮明に戻っているはずですね。だから、いま指摘すれば一番本人もなるほどって思うかもしれないタイミングじゃないかなと僕なんかは思います。その場で指摘してあげたほうが本人にズシッと伝わるんじゃないかなとつい思っちゃうんだけど」

横田「早いですね。そっちのほうが」

塾生「それをぐっとこらえて、すぐにいい結果を出すことを求めないで、もっと長い目で見た成長を期待するということなんですかね……。ぐっとこらえて指摘しないことを、横田さんができるのはわかるんだけれども、営業スタッフたちの上司の方もそれができているというのはすごいなと思ったんですけど……。どうしてできるようにしていったのですか」

横田「社長がしなかったら、次の人もしないようになります。上がしないから、次の人もしない……上が指摘していると、次の人も同じようにしている場合が多いですね」

塾生「指摘するのをやめろ、とか指示しなかったんですか」

横田「その指示は、指摘するより、よっぽどたちが悪い（笑）。結局どういうことかというと、そのやり取りを、録音で聞いて……そしてそこに、あっ、ここはまずいよねというところが10ヵ所ぐらいあるとしますか。その２ヵ所ぐらいは本人が気づいています。本人が、そこを直そうかなと思っています。上司は、日ごろの自分自身の指導のどこに問題があるのかということを考えているだけなんですよ。そこでその10ヵ所ある問題のあとの８つを指摘すると、本人の頭の中にはその８つのうち４つぐらいは、いわれても、そうじゃないんじゃないかな、俺はこれで正しいぜというのがあるんです。あとの４つぐらいは、いわれてみればそうやねと、こうなりますけど、それは指摘されてますから、ちょっと言い訳も半分ぐらい心の中にありますし、直すのが癪に障るとか、それから、素直に直したら直したで、それは気づかされて、教えられて、強制されたという感じになってくるんですね。理屈で言うとこんな話ですけど……」

天外「日本の伝統芸能とか、それから、大工とか、工芸でも、昔は教えなかった。住み込んで、拭き掃除をして、お師匠さんの身の回りの世話をして、弟子はともかく盗む……お師匠さんの技をね。あれは教えたら伝統が途絶えちゃうと思う。それを最近、何でも教えるという風潮になっちゃったものだから、そういうのがうまく伝承できなくなってきた。教えなくても、お師匠さんのもとに何年も住み込んだ人というのは全然違いますよ」

塾生「弟子にしてみれば、ちょっとまどろっこいかな……」

天外「そう、何で教えてくれないんだ、と文句になる。天外塾でも同じです。〝フロー経営〟というのは、知識やロジックでお伝えできるものは何一つない。何一つないというとちょっと極端だけど、非常に少なくて、やっぱり〝フロー経営〟の一番のエッセンスは人間力のほうにあるわけだから、それは盗んでいただくよりしようがない……でも、それだとセミナーにならないから、しようがなくてしゃべっているんだけど……ときどき、何も教えてくれないで自己紹介ばかりやっている、と文句が出る（笑）。盗む、気づくという方法論は、なかなか世の中じゃ理解されない……」

本章の冒頭で横田さんが、未来工業に比べてネッツトヨタ南国はまだ未熟だ、と謙遜しておられたが、私は単にポリシーが違うだけで、どちらが上だ下だということではないと思う。

未来工業のポリシーは、徹底的な経費節減だ。だから人事部すら置いていない。横田さんのように採用に多大な投資をするなどはもってのほかだ。時間もかけたくない。だから、現場が勝手に待遇を決めて、早い者勝ちで採用を決めてしまう。そのかわりに従業員の外発的動機にも十分配慮したマネジメントを実行している。

ただ、指示命令がなく、現場が勝手に物事を決められるので、内発的動機も十分に刺激されて、やる気のある従業員が育っていくのも確かだろう。その評判が世の中に浸透しているので、一般の企業に比べればいい人財が応募してくるようにはなっているとは思われる。

ネッツトヨタ南国では厳しい選考によりある程度ベクトルが揃っている人だけが入社している。採用に多大なお金と時間を投資しているが、そのために外発的動機にはあまり配慮することなく、内発的動機を中心課題に据えたマネジメントが可能になっている。未来工業に比べれば、より深い「フロー経営」といえるかもしれない。

横田さんの人財育成のコツは、徹底的に本人に「ゆだねる」ことだ。指示命令、叱ることはおろか、教えることもしない。本人がその気になり、考え、悩み、気付き、自らを高めていくことをひたすら「待つ」のだ。

しかしながら、本章で述べられた人財育成論は、まだ全体のごく一部であり、この後の章でさらに詳細が語られる。

ひとつは、目の前に見えている表面的な現象を処理する「問題対処」ではなく、つねに隠れた要因、目に見えない問題を発見して、息の長い「問題解決」へ向かうことの習慣づけだ（第9章）。これは、従業員の能力を飛躍的に高める。

もうひとつは、よさこい祭りや新車発表会などの、多くのお祭り的なイベントに、社員たちが自主的に取り組むことにより「フロー」に入り、「できない理由を探さない社員」が育ってくること（第12章）。これは「フロー経営」の中心的な人財育成論であり、ネッツトヨタ南国でとてもうまく実施されている。

あるいは、無記名のアンケートを取って結果を貼り出し、理想的な社員の特徴として挙がってきた項目に関して表彰する（第14章）、なども人を育てる有力な手法だ。

「横田英毅経営学」というのは、あらゆる細部に人財育成の要素が秘められている。

第7章　「やりがい」の源泉

世の中で一般的に経営学と言えば、表1（11ページ）の左側の「合理主義経営学」を指す。その名の通り、すべてを合理的に判断するのが特徴だ。たとえば、従業員のうち働きの悪い10％を毎年切って、同じ数の新しい社員を採用すれば従業員のクオリティがどんどん上がっていくはずだ。

ところがそうはいかないぞ、と私、天外は経験から語る。毎年10％を切るという経営が、あるいは経営者がお前たちはダメ社員だ、と上から目線で決めつける態度が、ダメ社員が発生する要因になってしまうのではないか。何事も合理主義では割り切れないのだ。

もともと「ダメ社員」という種類の人がいるのではなく、「やりがい」を失った人がダメ社員に変身していく。「やりがい」を失わせるのは経営者だから、経営者が「ダメ社員」を製造している、といってもよい。

社内に障害者を大勢抱えている会社がある。普通考えると生産性が落ちそうなのだが、現実にはかえって上がる傾向がある。障害者をサポートし、一緒に働くことによって「やりがい」が増すようなのだ。

社員の「やりがい」「やる気」「働きがい」「働く喜び」「生きがい」などが、しっかりサポートされれば従業員たちの生産性はどんどん上がる。

本来の経営者の役割は、従業員たちの「やる気」を鼓舞することであり、ダメ社員を選別して切ることではない。ましてや、自ら「ダメ社員」を製造するような経営者は最悪だ。「人間性経営学」の真髄が対話の中ににじみ出てくる……。

天外「一般に、どんな組織でも10%ぐらいダメ社員がいる、といいます。この10%をどうするか。これ、いろんなやり方があります。

たとえば、GE（ゼネラル・エレクトリック）の元CEOジャック・ウェルチはそれを毎年必ず切っていくわけですよ。ウェルチの経営は厳しい。必ず10%悪いのがいるから、それを毎年切っていけば、どんどん社員のクオリティが上がっていくというのが彼のセオリーなわけね。ソニーはウェルチを追っかけて大失敗しました。EVA（経済的付加価値）、シックス・シグマ（統計的品質管理手法）などウェルチのやった経営手法を全部取り入れたからね。それは〝フロー経営〟の正反対。もちろんGEだってよい成績を上げてきたから、それこそ管理型マネジメントで星野仙一監督が中日時代も阪神時代もよい成績を上げてきたのと同じように、10%ずつずっと切り続けて業績を上げるということもありえます。でも、従業員はえらく疲れるね。何か僕は違うと思う」

塾生「居心地悪そうですね」

天外「横田さんのところは切らない……これ、切ったほうが楽なわけですよ。でも切らない理由で横田さんがおっしゃっているのは、そこで切っちゃうと採用力が上がらない……。そういう人たちがいるから、今後の採用力を上げると。あるいは育成力を上げる。だから、要するに採用力と育成力がちゃんとしてくれば、無茶苦茶な人はいなくなるはずだ……と。企業文化がしっかりしてくれば、そういう人は自然にやめる。あるいは、自ら気づいて自分を高めていく……それが理想ですね。それでも10%のダメ社員は出てくる。でも、その10%を切ると、また次の10%出てくるんだよね。必ずしも全体が上がらない……」

横田「〝全社員を人生の勝利者にする〟という経営理念にも反する」

天外「……下を切っても、必ずしも全体のレベルは上がらない。これは不思議なんだけれどね。だから、理論的にいえばジャック・ウェルチが正しい……クオリティの悪いのを

10%外して、また10%入れる……そうするとどんどんクオリティが上がっていくはずじゃない？　でも、現実には上がっていかないんだよ、これ。どこを見ていても、そういうやり方を取っているところは全部ダメになっていく。おそらく、上から目線で、〝あんたたちダメ社員だね〟と決めつける経営者の姿勢がダメ社員を製造しているんじゃないかな……。自ら製造して、それを一生懸命切っている」

横田「日本人にはもっとしっくりこないですね。どこが違うかというと、下のほうの10%をアメリカ人はどう見ているかというと、〝あいつら邪魔だよね〟〝あいつらがいるから俺たちは迷惑を被っている〟〝給料も上がらない〟と、こういうふうに見ていますね。それが切られていくと、ああいうふうにならないように頑張ろう、とアメリカ人は考えると思うんですよ。ところが、日本人は、そういう10%の人たちに対してもある程度親近感を持っているんです、みんな。こっちの人は、迷惑をかけられているようには思っていないんですよね。その人たちが切られていくと、次は俺かもしれんとか、この会社は冷たいねとか、そっちのほうにいっちゃうんですね。それでモラルがちょっと下がったり、そういうことがある」

天外「たしかに、日本とアメリカでは風土が違うかもしれないね。日本では、仲間意識を持って、底辺の10％の人とも一緒にやっていく……彼らだって家族があり、子どもを養っているんだからね。営業が向いていなかったら、その人は何ができるだろう、と考えるのが日本の伝統的な経営ですね……」

横田「障害のある人をできるだけたくさん雇用しようという会社がありますよね。その人たちの働きというのは、やっぱり健常者の人よりは弱いわけですよ。健常者の人たちはその人たちを助けるために労力を使うわけですよね。そうすると、その組織全体としての生産性は下がるかというと、下がらない……逆に上がるという。特に日本では……」

天外「何だったっけ……チョーク作っている会社……」

横田「そう、日本理化学工業。それから、沖縄教育出版がそうですね。弱者にやさしい心を持った人の集団といいますかね、思いやりのある集団は生産性が上がるみたいですね。社員も成長する。また、時間がそのまま生産性に直結している業種がありますけど、そういう業種で、朝礼をものすごく長くするわけですね。そうすると、その朝礼を長くした分、生産性は下がるはずなんだけど、逆になる。長くすればするほど生産性が上がる。その朝礼で何をやっているかというと、雑誌の『致知』というのがあるでしょう。ああいうのを読んでみんなが感想をいい合ったり……日ごろ感動するようなことが起こったら、それを前へ出て発表したり……みんなが涙を流すような光景が朝礼の中にときどきあるというようなやり方の朝礼をしている会社は、朝礼の時間を長くしても、生産性は下がらない、かえって上がるという。そういうことが実際に起こっていますね」
天外「頭で考えて、こうやったらうまくいくだろう、というのと実際は違うね。合理性を超えたところに真理がある。人間の面白さだね……」

横田「そうですね。頭で考えれば、給料、賞与、昇給で引っ張るという結論になる。人材育成でも、よりよい働きを促すためでも、外側から動機づけをしようとします。たくさん給料を貰おうと思って頑張るわけでしょう。もし、給料が3割カットになったら辞めますよね。転職を考えますよね。ということは、その人の働く動機は給料、と考えるのが一般的……。インセンティブ、報奨金、表彰、叱咤激励、信賞必罰、称賛、昇進昇格、人事考課、上意下達、指示命令、ホーレンソー（報告・連絡・相談）、マニュアル、仕組み、ノルマ、コンプライアンス、CSR、教える、真似をさせる、失敗をとがめる。これ、大企業がほとんど全部使っている。でもみんな対処的……。だからこれらは大企業が駄目になりやすい大きな要因なんです。頭のいい人が集まっているはずなのに……」

天外「ソニーの創業者の井深さんは〝仕事の報酬は仕事〟とよくいっておられた。仕事で成果を上げると、次はもっと面白い仕事をまかせてもらえる、という意味です。どんどん面白い仕事に挑戦して、成長していく、というのが創業期のソニーの活力源だった。ところが、1995年からアメリカ流の合理主義経営学を導入して、まさにいま横田さんがおっしゃったような対処的なことしかやらなくなってしまった」

横田「世の中にないものを開発する、なんてプロジェクトは人が育つでしょうね。その点製造業の方が恵まれている……。でも、販売業でも工夫のしようはあります。私どもは、よさこい祭りとか、新車の発表会とか、お客さんを巻き込んでのワンデイレクリエーションとか、お祭り系のイベントが、結構人が育つような気がします。

やはり、ぱーっと派手にお祭り的にやるプロジェクトか、さもなければ会社の基幹業務に絡むプロジェクトでないとね……。経営者が自由にできるようなことを、社員に全部やらせてみたらどうだろう……。これは面白いやろう、というので、会社ができて5年目くらいにやってみました。会社にとって非常に重要なテーマを3つ用意して、3つのプロジェクトチームを作って、参加自由。話し合いのルールも何もないし、発表会もしなくていい。決まったら報告などしないですぐ実行する。それを定期的にやりましょうというふうにしました」

塾生「完全に任せたのですか」

横田「最初はね、心配だったので幹部社員が手分けして、それぞれのプロジェクトチームへ入ったんです。リーダーは別に擁立して、自分は一メンバーのような感じで座っているわけです。話が変な方向へ行き始めたとき〝それ、おかしいじゃないか〟といったら駄目ですね。〝今の話なんだけど、この会議のテーマはこれだよね。我々が最終的に目指しているのはこうだよね。それからいくと、今ちょっと変な方向を向いたのと違う？〟とかね。そこまでで大体みんながはっと気がついて、すっと修正する。というようなことを2～3年やりましたね」

天外「3つのテーマは何だったんですか」

横田「ひとつはね、お客様をアフターフォロー、管理をするためにどういうツールを作ろうかという。お医者さんのカルテですね。お客様一人一人にカルテを1枚ずつ作る。そのカルテには、最小限、これだけの情報は全部書き込むようにしよう。お客様との電話のやり取りとか、訪問したり来店されたときのやり取りについてはメモで、どういうやり取りをしたか書いていこうという……。これはどこの会社でもそれをやればいいということはわかっているんですが、定着しないんです。定着しない理由は、与えられたツールを使わされるから、というのがあるだろうと考えまして、そのツールを自分たちで作ろうというのがひとつのプロジェクトチームです。

面白かったのは、自分たちでああだこうだ言って、紆余曲折して作ったカルテが、最初からメーカーが作って我々に与えてくれていたものとほぼ一緒になったんです。誰が考えても必要な情報はこういう情報だということは同じ……。でも、メーカーからもらったものはみんな使わないし、放ってあるから、それは参考にしていないんですね。自分たちでゼロから作ったんです。そしたらメーカーが供与していたものとほぼ一緒のものができましたね。それだと彼らは使うんです。以前と比べてはるかにちゃんと使う。個人差はありますけどね。それがひとつのプロジェクトチームでしたね」

天外「作るプロセスが重要なんだ……」

横田「もうひとつのプロジェクトチームは、そのころ、営業の人間は車を売る仕事を一生懸命やっていて、サービスの人間は点検とか車検とかを誘致して、そして整備で売り上げを上げるという2元フォローしていました。そうすると、営業は車を売りたいからそろそろ代替えしませんか。車検が近いですよと、こう言っているわけですね、お客さんに対して。ところが、サービスはサービスで、そろそろ車検が近いですね。1ヵ月後のこの日が空いていますからどうでしょうかというようなことで車検の誘致をしているわけです。片方は替えましょうと言っているのに、いやまだ乗れますから整備しましょうと片方が言うような、そういう2元フォローになるわけですね。ロスが多いから、これを1元フォローにしようと。すべての窓口を営業の第一線の人が考えて行うようにしよう。そうすると、それまでやっていたいろんな仕組みを変えていかないといかんですね。で、営業がサービスの仕事も兼ねてやるようになるわけだから、サービスの仕事がもうちょっと生産性を上げないといけない。朝から晩まで作業をするということになってくるから、生産性を上げないといけない。じゃあ今までと比べて何をどう変えるかという、そういうようなことで話し合いを営業の人間とサービスの人間が両方でやるわけです。

ところが、そういう仕組みを定着しようとすると問題が起こってくるんです。整備を取ってくるのが営業になるわけでしょう。そうしたら、工場がいっぱいで入らない。そんなもの勝手に取ってきてくれたら困るで。今日はできん、できんと、そういう話になるわけです。彼らが取っていたら、自分たちが取った仕事だから無理してやるわけです。ところが営業が取ってくると嫌がるわけです。今日はもうできんぞと。そういうような問題が起こってきたり、いろんな弊害が出てきます。だから、多くのディーラーがそういうやり方を志向して、しばらくしたら元に戻したりします。問題がどこにあるかということを発見して解決しないと、新しい進んだ考え方ややり方というのは定着しないんですね。それがふたつ目のプロジェクトチームでした」

塾生「人間の性《さが》が見えますね。普通は解決に向かわないでギブアップしますが……」

横田「もうひとつのプロジェクトチームはいかにして来店客を増やすか、お客様との接点をどうやって増やしていこうかというテーマでした。

この3つのプロジェクトは、変なルールもないし、参加は自由だし、1〜2回休んでも、次また出ていったらその話の続きに参画できるので、ずっと続きましたね。面白かったということもあったと思います。続いたということと、そこで決まったことは次の日からやっていいよと、こういうふうにしていましたので、どんどん仕事の進め方が変わってきたりしましたね。

じつは、そのプロジェクトチームというのは何かを決めるという作業なんですけど、そこで意見を交換するということは人間的成長に非常に寄与するということがわかってきました。やっぱり話をすると、どうしても考えますよね。考えないと話ができないし、それから、発言すると、自分のいったことに対して反芻しますね。発言しないと、みんな自分はいい考えを持っているというところで止まっているんですよ。ところが自由に発言できるようになると、自分のいったことに対して反芻するんですね。反省もするんです。あのいい方だとちょっと説得力がなかったかなあとか、あそこでちょっと自分がセクショナリズムに近いような態度を取ったかなあとか、そういう反省が出てくるんです。言葉に出してなかったらそうはならないですね。話し合いをするというのはすごく大事ですね。

メーカーの人がプロジェクトチームの会議を見学したら、何でこんなことに時間をかけているんですかとか、これはこうすると決めて、みんなにこうやれよといったら、それで終わりじゃないですかというね、そういう反応が多かったですね」

塾生「その会議はどのくらいの頻度でした」

横田「月2回ぐらいでしたかね……。参加は自由です。最初、急いで何か決めないといけない時期がありましたので、そのときは月に3回以上やりましたね。半年ぐらいして、あるひとつの結論を出して、全社大会で発表する。そういうようなこともしました。その後は継続して、だらだらとやったという感じですね」

塾生「参加自由ということは、通常の勤務時間外で社員が集まったということですか」

横田「そうです。残業はつかないです。残業をつけるべきか、つけるべきでないかということも議論をしたみたいです。みんながわかってきたことは、残業をつけてもつけんでも一緒やと。残業をつけずに、仕事のやり方を変えて、いい結果が出たら利益が上がるから、それが配分に回って、結局自分たちに回ってくると……。残業をつけたら、そのときに給料は増えるけど、そんなことをやっていたら、残業代が出るから参加しようという人が会議へ出てきたらどうなるかな……そんな話ですよね。これはだから教えずにそれを気づかせる。その辺は時間がかかる話ですね」

塾生「残業がつくかつかないかまで、自分たちで決めたのですか」

横田「そうです。全部自主的に決める、というのがポリシーですから……。現場でいろんな不具合が起こりますよね。仕事を通じて、これはどうもまずいよねというようなことがいっぱい起こります。それは普通ピラミッド型の組織だと、上司がそのことに気がついて、上司が解決策を考えて、ここはこういうふうに変えるぞというふうに上意下達でやるわけです。ところが、我々の場合は、プロジェクトチームのメンバーがテーマを持ってくるんです。お客様からこんな指摘があったけど、どうしようかねというような話で始まります。部門を超えて、これは営業もいればサービスもいます。間接部門の女性なんかもいます。みんなが現場のあるひとつの部署で起こっているひとつの問題について意見を出し合うわけです。実質的な経営会議のようなもんですね」

天外「これはすごくいいシステムですね。経営者が何もしなくても自律的にオペレーションが改善されていく。内容も良くなるし、皆のモチベーションも上がる。人も育つ。一石三鳥だ」

塾生「ちょっといいですか。世の中ではほとんど、上司が、こういう問題があって、解決策はこうです、こういうふうにやってくださいというやり方ですね。そのほうが手っ取り早い解決……。時間をかけて待てば人が育つということはあまり念頭にない。だから、ほとんどの人が待てないわけです。それは何で待てないのでしょうか」

横田「何で待てないのでしょうね。待てないみたいですね。何ででしょう。だから、解決できない、対処してしまうという話ですね。今の話ね。なぜでしょう」

天外「あなたは何でだと思う?」

塾生「自分自身が早く解決しないといけない、という呪縛でしょうか……。その解決策が正しいと思っているから、なるべく早く解決できる方法を常に選ぶ……」

横田「それは頭のいい人の問題なんですね。私、頭が悪いから、自分が正しいと思ってなかった。ひとつそれはありますね。自動車販売会社の経営というのはまるで経験のない素人だったんです……スタートしたころはね。でも、それだけじゃないなあ、理由は……」

塾生B「自分の体験に基づくと、解決策を指示するのは結構楽しいです。なぜなら、自分のスキルを磨けるし、いろいろ自分のいっていることが短期間ですけど、組織の中で実現していくところを見ている自分自身が楽しかったです」

天外「それは、たしかにあるよね」

塾生B「ところが、ある時点を境にして、それが楽しいと思わなくなったんです。逆に危機的に感じるようになって、そんなことよりも社員の人たちが自ら考えて解決策を見出していく手伝いをすることのほうが楽しくなってきたという、ターニングポイントがやはりあったような気がしますね。結論からいくと、後者のほうがはるかに効率がよくて、自分でやると、常に尻拭い。本当に尻拭い、尻拭いで後がすごく大変になるけど、彼らがやると尻拭いを含めて全部やってくれますので、そのほうがはるかに楽だし、楽しみがあるということを発見したのです」

横田「いつごろからそう変わったんだっけね」

塾生B「変わったきっかけは、自社で使っている顧客管理のシステムを自分で作って、これはもうどこよりもいいものができたと思って、さあやりましょうといって実行に移したら、ある意味総スカンを食らいました。考えていたことは間違っていなかったと思うし、実現した機能も間違っていないと思う。それでも、何で彼らはやってくれないんだろうかということを、何日も苦しみながら考えたら、開発のプロセスに参画していなかったからじゃないかということに気づいた。それからこういう思いで、こうやって作ってきたんだということを話し出して、みんなと共有しようと思ったら、少しずつ事が動くようになってきまして。

あとは、もうひとつは、社内では私が、当然ですけど、モチベーションが最も高かった。それは何故かと、つき詰めて考えていきました。何がわかったかというと、自分は経営者ですので、決断ができて、選択もできて、失敗してもそこから反省して学ぶことができる。だからモチベーションが高いんだ。もし、そういう環境をみんなに与えることができると、皆のモチベーションが上がるはずだ……と気づいて考え方が変わったような自覚があります」

天外「それ、ひとりでに気がついたわけ？　何か教わったとか、ヒントがあったとか」

塾生Ｂ「以前に受講した横田英毅さんのセミナーがヒントになりました。経営品質を学んでいるときに……その気づきはものすごく大きかった」

天外「いやあ、素晴らしい体験をされましたね」

横田「どこの組織でも経営者はモチベーション高いですよね。Ｂさんがいわれたように……。なぜかというと、責任というのもあるし、それから、誰よりも考えますし、自分の思うようにいろんなことを変えたり決めたりできる。それ、やったことの結果がどうなるかというのが手に取るようにわかる。そんなことでやりがいがあるからモチベーションが高いわけですね。それと同じ経験を社員にさせようと思ったらどうしたらいいのかな……。でも、それをやると遠回りになるし、時間もかかるし、なんか怖いね……と。だから、あまり踏み切れないのですが、徐々にやればいいと私は思うんですね。

待てないという話があるんですが、要するに社員を成長させるのか、今すぐいい結果を手に入れるのか、私がいつも天秤にかけているのはこの２つです。火事になったら水をかけないといかんですね。今すぐいい結果を手に入れないといけない。だけど、なぜ火事になるのかなということを考えて、そして問題を発見して解決するわけだから、その解決のひとつの方法は、社員を成長させて、自分を超えるような集団にしたら、これは最高ですよね。いいことずくめ。自分を超える集団になったら、本当に何も指示命令しなくてもいいですよ。そんなことになったら自分は要らなくなるやないかという心配はね。それは中小企業ではないですね。大企業はようわかりませんけど……」

天外「大企業でも大丈夫ですよ」

横田「大丈夫ですか……」

天外「要らなくならずに、しぶとく、64歳までずっといましたから（笑）。でも、自信がないと、自分が要らなくなるんじゃないかという不安が出てくるかもしれないね。さっきのBさんの話の中で、対処するのが楽しかったというのがひとつのヒントで、要するに問題にすばやく対処して解決に持っていくと自分の能力が示せるし、どうだ、これを見てみろ、俺はこんなに能力があるんだという自己顕示欲にもつながるし……これは結構、エゴの充足というか、満足につながる。だから、とかく経営者はそれをやりたがる。僕の言葉で言うと、〝賢者の演出〟ということになりますよね。そのサイクルに入っていると絶対にまかせないよね。金輪際まかせない……。だって、まかせたらその楽しみを奪われちゃうわけだからね……。それから、もうひとつのポイントは、まかせてどうなるだろうかという不安がある……。まかせたらぐちゃぐちゃになっちゃうんじゃないか……現実にぐちゃぐちゃになることだってあるわけで。それに対して、その責任は取らなきゃいけないわけだよね。社員が勝手にやって責任を取らされるのは、かなわない……。それから、いま話が出た自分がいらなくなるんじゃないかという不安。自分なしでうまくいってしまっても面白くない。要するに、ぐちゃぐちゃになっても困る、うまくいっても困る。両方とも不安につながる訳。そういう2種類の不安感と、それから自己顕示の満足感と、その3つでなかなかこれができない……。だから、さっきの〝何で待てないか〟という疑問に対する答えが今の話の中にちゃんとあった……と思いますけど……」

ほとんどの企業では、経営者のモチベーションはきわめて高いが、従業員はそれほど「やりがい」を持って働いていない。経営者は、何でうちの社員は働きが悪いのだろうと、ときに叱責し、ときに激励してやる気を鼓舞しようとするが、なかなか思うにまかせない。

挙げ句のはてに、うちにはレベルの低い社員しか入ってこないと結論づけてしまう。自らが従業員の「やりがい」を奪い、成長の機会をつぶしていることになかなか気づけない。

横田さんは、それを根源から考えた。なぜ経営者が「やりがい」があるかというと、責任があり、必死に考えるし、自分の思うようにいろんなことを変えたり決めたりでき、やったことの結果がすぐにわかるからだ。その経験を積んでいけば問題解決能力が上がり、自らの成長を実感できる。経営者はその快感を味わいたい、その楽しみを手放したくないので、なかなか下に仕事をまかせない。うちの社員はレベルが低い、というのは、じつは絶好の口実になっているのだ。

経営者は元々能力が高いうえ、そうやって切磋琢磨して実務能力を向上させているので、一般に従業員よりいい対処策をすぐに実行できるだろう。だから、短期的な成果だけを追い求めるのだったら、経営者がすべてを取り仕切って問題対処をした方が効率的だ。しかしながら、それでは従業員は単にいわれたことを実行するだけのロボットになってしまい、「やりがい」を失う。短期的に効率が上がっても、長い目で見たら弱い組織に育ってしまう。

もし従業員に、思いきって責任を持たせ、自由裁量権を渡し、結果をすぐにフィードバックできるようにすれば、間違いなく彼らの「やりがい」が高まるはずだ。それもQCサークルのように、枝葉末節の議論ではなく、会社の基幹業務に関して自由に討議して実行できるプロジェクトチームを作ったらよい。横田さんは、当初は心配だったので幹部社員を参加させたが、次第に従業員だけの自主運営に移行した。

このとき大切なのは、チームの決定に対して経営者側がダメ出しをしてはいけないことだ。一度でもダメ出しをすると、チームは上を向いてしまい、「やりがい」を失う。決定したことをそのまま実行し、たとえ失敗したとしてもその結果に責任を持つ、それが「やりがい」の源泉なのだ。失敗できることは権利なのだ。

どう考えても結果が悪そうな時も、経営者は歯を食いしばって発言を控えなければいけない。悪い結果にどう対処するかも、成長の重要なプロセスだ。失敗の尻ぬぐいをすることも権利なのだ。これは、経営者にかなりの胆力を要求する。

「従業員を信頼して、すべてをまかせる」ということは、人間性経営学の基本だし、「フロー経営」の有力な手法だ。

第8章　ネッツトヨタ南国と未来工業

　横田さんのお話の中に、たびたび「未来工業」という会社が登場する。この会社は、山田昭男さんが１９６５年に創業した電設機器メーカーであり、１９９１年に名古屋証券取引所第２部に上場している。

　山田さんも横田さんと同じく、とてもユニークなマネジメントで、表１（11ページ）の右側の「人間性経営学」を実行しているひとりであり、著書もたくさんあり、マスコミにも頻繁に登場する超有名人だ。

　勉強好きの横田さんは、未来工業を3回訪れているほか、高知にも何回も山田さんを招いておられる。それでも山田さんのフィロソフィーは、なかなか把握できないという。

　天外塾で、横田英毅さんのセミナーを開催した直後の２０１１年４月に、山田昭男さん

（表４）ネッツトヨタ南国と未来工業

「ネッツトヨタ南国」	「未来工業」
（共通部分）差別化戦略 成果主義禁止 指示・命令をしない 仕事は自分で考えてやる 従業員の「やる気」を重視	
公私混同しない ロジカルシンキング 失敗を咎めない 自ら考え、発言し、行動し、反省する 問題対処ではなく「問題解決」へ 教えない 目標はあるが拘らない 働き放題 企業は社員の幸せのためにある 必要な投資は積極的 採用力を長年かけて磨く	「私公」混同 直感力重視 失敗は隠せ（共有しない） 常に考える ホーレンソー禁止 ノルマ禁止 残業禁止 企業の目的は金儲け 徹底した経費節減 採用は現場が勝手にやる （早いもの勝ち）

を講師にお迎えしてのセミナー（全３回）を企画したところ、横田さんも出席したいとのご要望があった。すでに満席だったため、講師席にお座りいただいた。このときは、山田昭男、横田英毅、天外伺朗と、講師が３人そろう豪華セミナーとなった。

その後、横田さんのセミナー（２０１２年7月27日）で、ネッツトヨタ南国と未来工業の比較が語られた。前方のスクリーンには、上記の表４が表示されていた。

横田「さっき未来工業の山田さんの話がちょっと出ましたけど、未来工業とネッツトヨタ南国という会社を比べてみましょう。両社に共通な点、よく似ているところがいくつかあります。全然違うところも当然あるんですす……。

山田さんと私の共通点は、たとえば人のやらないことをやる。差別化。それから、成果主義禁止。これも似ています。私たちの会社もかなり年功序列です。人事考課はあるんですよ。そしていろんな成績の数字は常に出しているんですが、それを給与とか賞与とかには、ほとんど連動させない。

それから、上からの権威で人を動かすのではなく、指示命令が上から降ってこないので、仕事は自分で考えて実行すること。それから従業員の〝やる気〟を重視して、自らの内側から出てくる動機を大切にしているところも共通です。

山田さんのところは〝私公〟混同でやっているというふうにおっしゃっていました。公私混同の逆です。例えば社長室にあるものはほとんど自分の私物。会社の経費で社用車のようなものを買わない。接待交際費を使わない。そういう考え方です。誰かを接待するときは自分のポケットマネーでやる。これが山田さんのおっしゃっている〝私公〟混同。私たちは公私混同をしない。これは微妙に違う。

あとは、直感力を重視するというのは未来工業で、私たちはどちらかというとやっていることの裏側に論理というのを必ずくっつけています。ですから、どうしてこんなことをやるんですかというふうに聞かれると全部説明ができる。矛盾がない。ありとあらゆるところに整合性をつけていくという考え方で私たちはやっています。ひょっとしたら未来工業もそういうのはあるんじゃないかなと思うんですが、それプラス直感力を重視するというふうにおっしゃっていました。

それから、ここは面白いですね。これはものすごい。真髄です。〝失敗は隠せ〟。失敗体験を共有化して、誰かがやった失敗をほかの人がしないように……というのは普通の会社の考え方なんですが、山田さんのところは失敗は隠せ。共有はしない。こういうことを言っています。これも深いですね。私たちはちょっと似ていますが、それほど極端ではない。失敗は咎めない。

それから、〝常に考える〟というのは未来工業のあらゆる場所に貼ってありますね。社員に対して、〝考えろ〟という命令形ではなくて、社員が自然に常に考えて働くように風土を地道に作っています。私たちは、自ら考え、発言し、行動し、反省する。これを成長の4原則なんていっています」

天外「山田さんの〝常に考える〟に対応する横田さんの所の特徴は〝問題対処ではなく問題解決に向かう〟のほうがふさわしいのではないですか」

横田「ああ、なるほど、そうかもしれませんね。これはちょっと考えさせてください。あと、山田さんのところは、ホーレンソー（報告・連絡・相談）禁止。私たちはそんなことはそれほどこだわらない。そして教えない」

塾生「ネッツトヨタ南国でもホーレンソー禁止ですか」

横田「必ずしも禁止はしていませんが、強制や奨励もしていません。未来工業はノルマ禁止です。ノルマというのは人間を追い詰めるのでいけない。私たちは目標はあるが、あまりこだわらない。

それから、山田さんのところは残業禁止。ネッツトヨタ南国は働き放題。

企業は金儲けのためにあるなんて山田さんはおっしゃっていますが、これは表面的にそういうふうにいっているだけで、本当は従業員をとても大切にしておられます。私たちは、企業は社員の幸せのためにある。ちょっと似ているところと違うところを羅列してみたのですが……」

天外「これはいい比較ですね……。同じように〝人間性経営学〟を実行している企業でも、これだけフィロソフィーに違いがある。だから、塾生の皆さんも横田さんや山田さんの真似をしようとしないで、自分独自の道を樹立する、というのが王道です。企業の経営で人の真似をすると、大体失敗します。一番大きなバックボーンというか、人間に対する深い理解、組織の力学の真髄などは大いに参考にしていただきたいのですが、具体的な施策は一人ひとりの経営者の個性が出てきて欲しい。猿真似をしようとするとうまくいきません……」

いま天外塾でお伝えしようとしている企業経営のエッセンスは、この両社の共通部分に見られる。**成果主義禁止、指示・命令をしない、仕事は自分で考えてやる、従業員の「やる気」を重視**などだ。これらが実行できている企業は世界的に見てもごく少数なのだが、いわば「人間性経営学」の**背骨**に相当する。表4（124ページ）の共通部分の中で、**差別化戦略**を省いたが、それは大多数の企業で実行されている「合理主義経営学」でも重視されているからだ。

それに対して両社の異なる部分は、人間でいえば**肉や血や内臓**に相当する。背骨がしっかりしていなかったら、人は直立できないが、肉や血や内臓がなかったら人として機能しない。

そして、この肉や血や内臓に相当するところは、一人ひとりの経営者の個性を出してほしいと思う。そこに個性が出ないと、文字通り「血の通った」経営にはならない。

さて、そういうユニークな経営がされているネッツトヨタ南国というのは、いったいどんな会社なのだろうか。横田さん本人の発言を追ってみよう。

横田「ネッツトヨタ南国という会社は、当初はトヨタビスタ高知という名前でした。1980年にトヨタの5番目の販売チャンネルとして、全国で66社が一斉に立ち上がったんですね。そのほとんどの会社は地元資本です。メーカーから車を仕入れて、それをその地域で販売する。そういうメーカーとの関係なのですが、チャンネルとして、トヨタ、トヨペット、カローラ、オート、ビスタという5つになったのです。この全国ビスタ店が25年たったときに、今から7年ぐらい前ですが、オートと合併してネッツという社名に変わりました。要するに国内販売が5チャンネルは多すぎるので、4チャンネルにしたい。それまで私たちは、ビスタという名前を地域に浸透させるためにブランド戦略を練ってきたんですが、そんなことをやっていたのは我々だけだったのでまったく配慮されずに、全国一斉に社名を変えようってなったわけ……。

会社がスタートした時、一番後発で、メーカーからもユニークな会社を作ってくださいというような示唆がありましたので、これは好都合ということで、思い切りユニークさを追求しました。

でも、ユニークな会社を作ってくださいというのは最初だけで、2〜3年たつと、皆さんこういうふうにしていますという、おたくは何かやり方が違いますね……、これのオンパレードです。だからみんな横並びで同じようになってしまう。その中で頑固にユニークさを貫き通してきたのが私たちのネッツトヨタ南国です。

地方の小さなディーラーですからたいしたことないんですけど、あるひとつの考え方のもとで、ぶれずにずーっとやってきました。最初に、どんな会社かご紹介しましょう……」

ここで横田さんは、ネッツトヨタ南国の外観、ショールーム、工場などの写真を見せた。普通の会社では工場はお客さんに見えないようにバックヤードにある。ネッツトヨタ南国ではきれいな工場を一番おもてに持ってきて、ガラス張りにしてショールームのお客様から見えるところで作業をやっている。

ショールームには車が置いておらず喫茶店のよう。社員が真ん中のカウンターの中におり、360度注意を払っている。美味しいコーヒーなど、すべての飲み物は無料。つまり喫茶店に行く代わりに、ここでただのコーヒーを飲む人大歓迎なのだ。

横田「会社ができたとき、〝来店型を志向してほしい〟とメーカーからいわれました。もう時代が変わりつつある。かばんを持って訪問しても、家に誰もいない。どこの家にも車はあるし、買いたいときはお客さんのほうがディーラーへ出かけてくる。買いたくないお客にこちらが訪問しても嫌がられるだけです。そういうふうに徐々に時代が変わりつつあったのが1980年ごろ……。トヨタ自動車は新しくできたビスタ店に対して来店型を示唆してきました。ああそうか、来店型か……と思って素直にそちらを志向しました。

ところが会社をスタートしたら途端に、2番目の拠点、3番目の拠点、4番目の拠点、どこへいつ作りますか、そういう話になるんですよ。あれ、おかしいね。お客様のところへどんどん近づいていくというのは拠点展開でしょう。魅力的なお店を作ったら、遠くからでもお客様に来ていただける……というのが来店型のはずなのにね……。なんかいままでのチャンネルと同じようにトヨタは経営指導をしてくるなぁ……。そのときに考えました。なぜトヨタは5つもチャンネルを作ったのか。もし、最初にスタートした会社がどんどん規模を大きくしていけば、お客様にとってみたらその会社に行けばトヨタ車はどれでも選択できるわけですから便利ですよね。いまは、お客様はクラウンとマークXを見比べて購入できない。下手をすると、たらいまわしにされる訳です。専売車があったり、併売車があったりして、ものすごくややこしい。

おまけにチャンネルを分けると、人口の多い都市には必ずトヨタディーラーがたくさんあるのに、小さな市には誰も出ていかない。だいたい人口五万以上の都市には5つともありました。人口四万以下だとディーラーがひとつもないことが多い。最初にできたトヨタのお店がどんどん規模が大きくなって、車を際限なくたくさん売るようになっていけば、人口4万人の町にも、3万人の町にも、2万人の町まで拠点を作ることができるわけで、県下全域の市場を掌握することもできる。でもそういうふうになっていないんです。

お客様にとっても、トヨタにとってもいいことは何もないのに、次々と違うチャンネルを作ってきた。何でこんなことをしてきたのか考えました。

そのとき結論的に、ああなるほどなぁというふうに納得がいったのは、急に規模を拡大すると、つまり量を追いかけると、質がついていかなくなる。ですから、採用も、慌ててたくさん採用するといい人財ばかりの集団にはなりにくいですよね。急に拡大すると中で人が成長しないということが起こって、そして慌てて量的拡大をしたために行き詰まって、もうそれ以上量が拡大できなくなった。質が追いつかないから量が追いつかなくなった。だから新しいお店を作った。トヨペット、カローラ、オート、ビスタと、こう作ってきたんだなと納得しました。

我々も同じことをやったら、あるところで量的拡大が止まってしまって、そして既存のディーラーと同じ会社になってしまう。そうならないようにしてくれというのが、当初のビスタに対してユニークな会社を作ってほしいというメッセージの本来の意味だったはずです。ここはひとつ理論どおりやってみよう、こういうふうに考えました。

高知県というのはものすごく山が多いです。平野は狭いんですね。面白いことに、県全体の人口に対して、高知市に30万人ぐらい固まっているんですね。その周辺に20万人いて、50万人ぐらいは1つの拠点でカバーできるということがわかったんですね。2番目に大きな町は高知市から2時間以上行ったところで、3万5000人しかいません。メーカーのトヨタ自動車は急いで市内に2～3店舗、ここに次の店舗、ここところに次と次、作ってほしいというんですけど、ちょっと待てよ……と。これはとにかく本社1拠点で、それ以上の量的拡大をちょっと止めておいて、質のみを追求したらいい会社ができるかもしれない。こう思いました。

ですから、全国でも異例中の異例です。普通、高知ぐらいのサイズの県ですと、会社ができて4〜5年で5〜6拠点になる。そのぐらい規模拡大をしてしまうのが普通なのですが、私たちは本社1拠点で25年間やりました。その25年間の最初の15年間は、メーカーに、早く次の拠点を作ってほしい、次の営業所を作ってほしいと言われ続けたんですね。15年たったころにはバブルがはじけていまして、あまり言われなくなったんですね。25年ぐらいたった、いまから7年ぐらい前から、今度は拠点を少し縮小してください。効率の悪い拠点は閉めてくださいといい始めたんですが、そのころから私たちは逆に拠点展開を始めました。今、市内にもう1拠点と、それから40分ぐらい車で走ったところ、ここにもう1拠点作っています。全部で本社を入れて3拠点です……」

ここで横田さんはいくつかの写真を見せた。夏には浴衣、正月には着物で出迎える様子……。お客さんと一緒の餅つき大会の様子やケーキを食べながらの女性のためのお化粧セミナーの様子。

あるいは、サンタクロースの格好をしたスタッフがお客様と一緒にクリスマスの飾りつけを作ったり、カバン作家のトークショーがあったり、車と関係のないイベントが目白押しだ。
さらには、山の中に小さなサーキットを作っており、そこで交通安全教室やエコパワーレース（自作の超低燃費車の競技会）をやっている様子……。過去の名車を集めた自動車博物館などが紹介された。

横田「次に、実績や業績に関係のある話です。最初に来場者数（図2・135ページ）。来店型をやってほしいということで、そうか、よし、お客様がたくさん会社を訪れることだな……、と懸命に模索しました。これは2012年の数字。年間通じて延べ来客数11万2000人です。会社ができてからずっと33年間、一度も前年を下回ったことはありま

せん。会社ができたころは年間1万人ちょっとでしたね。10周年のころは3万人前後でした。それから20周年をちょっとすぎたときが5万1900人で、30周年のころは10万人です。

【図2】ネッツトヨタ南国の来場者数

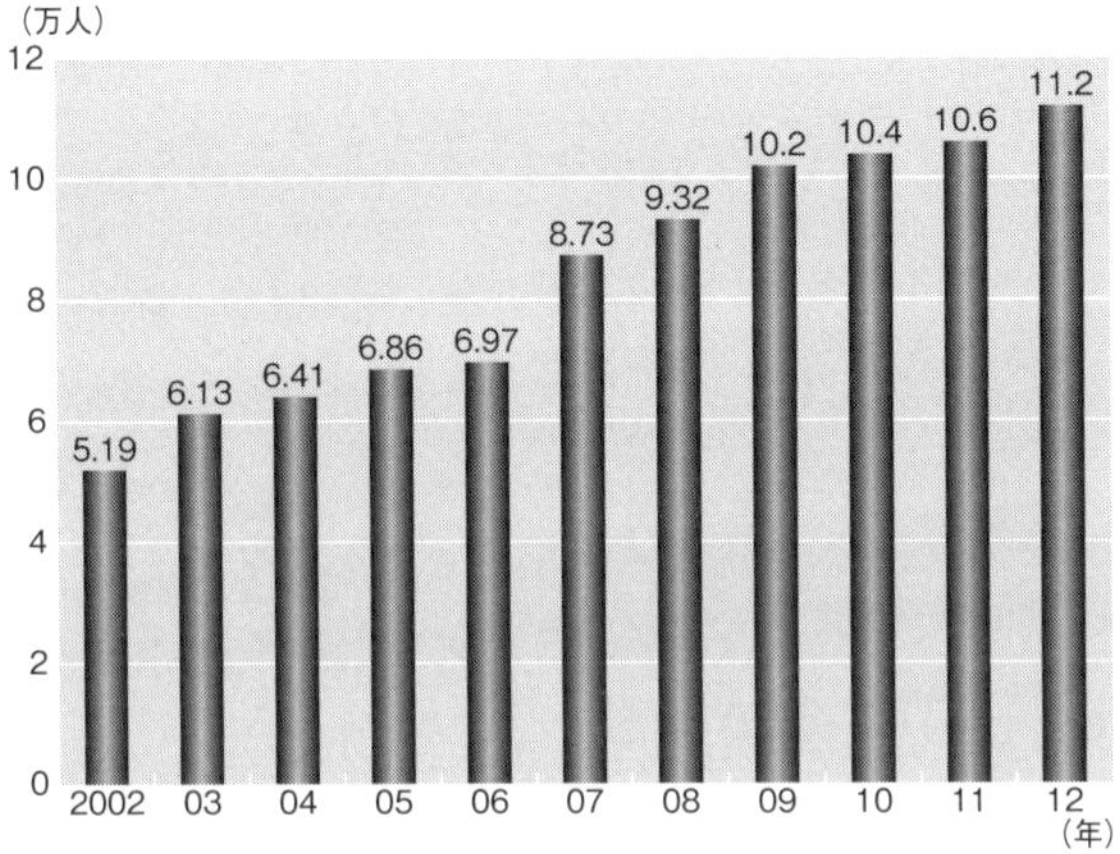

どうしてこうやって増え続けているか、答えは簡単です。一度おいでいただいたお客様を大事にしただけです。土日に暇で、どこかに行くとすればここに来ようかというふうにお客様に思っていただけるようなおもてなしをやり続けてきました。一般的にディーラーはできるだけたくさん呼び込もうとして、ものすごいエネルギーを使います。そのたくさん集めた人の中から、今すぐ車を買いそうな人を一生懸命探すんですね。その人をものすごく大事にして、あとの人をちょっと粗末にする……。いや、ちょっとではなくて、かなり粗末にするな……。いますぐ車を買いそうな人か、そうじゃないかとい

うのを5分以内に見極めなさいという、こういう指導があります。車を買いそうもないということがわかったら5分以内にその方から離れなさい。別のお客様のところに行きましょう、こういうふうに指導しています。面白いですね。大間違いを平気でやっているんですよ。私たちは人集めにはそんなにエネルギーを使いません。そのかわり、車を買いそうもない人も含めて全員を大切にする。それだけです。それだけですが、長い間やっていれば大きな差になります。

お客様満足度は、メーカーのトヨタ自動車が1999年、今から12年ぐらい前から調査し始めたんですね。我々はそれよりさかのぼって、1990年ごろから独自でお客様満足度を調査していました。きめ細かいやつ。メーカーはそれより9年ぐらい遅れてスタートしたんですね。その1999年からずっと、今十何年たちます。全国のトヨタの販売店は約300社あるんですけれども、購入時にお客様が「大変満足」というふうにお答えになっている比率は、私どもが2位を少し引き離した状態がずっと続いています。

中には我々に対する評価が大変低い項目もあります。〝店長やマネージャーがお客様のところへ挨拶に伺いましたか?〟という質問です。我々は行かないんです。全部第一線の人に権限を委譲していますから、ちょっとしたトラブルがあっても上司は出ていかないんです。どうして出ていかないのか。今すぐいい結果を手に入れるのか、その人を成長させるのか、どっちかというのはいつも成長させるほうを優先しています。だから挨拶に行かない。サービス業で成功しているところで上司が挨拶に来ないところ、どこですかね。東京ディズニーランド、リッツ・カールトンホテル……。

設備投資とか、マニュアルとか、仕組みのレベルで、同じようにできているところは全国平均も私どもも一緒です。違うように出ているところは、これはちょっとした違いなんです、本当は。ちょっとした違いがたくさん感じられる。よそよりもうちょっと迅速、丁寧、きめ細かい、親身になってくれている、笑顔がいい、やらされていない。働いている人がやらされているということと、やらされていないということは、お客様に対して微妙に違う印象を与えてしまうんですね。そんなことで差が出ているんじゃないかなというふうに私たちは考えています」

横田「販売台数はどうか。（図3・138ページ）オールトヨタの販売台数は2002年が168万台でしたから、2012年は98％ですね。これと同じように大体どこの会社も推移するんですね。全国同じようにやっていまして、同じようなお客様ですから……同じようにいくんですね。それにたいして我々は194％……ちょっと格好いいでしょう。自慢話です（笑）」

【図3】販売台数推移

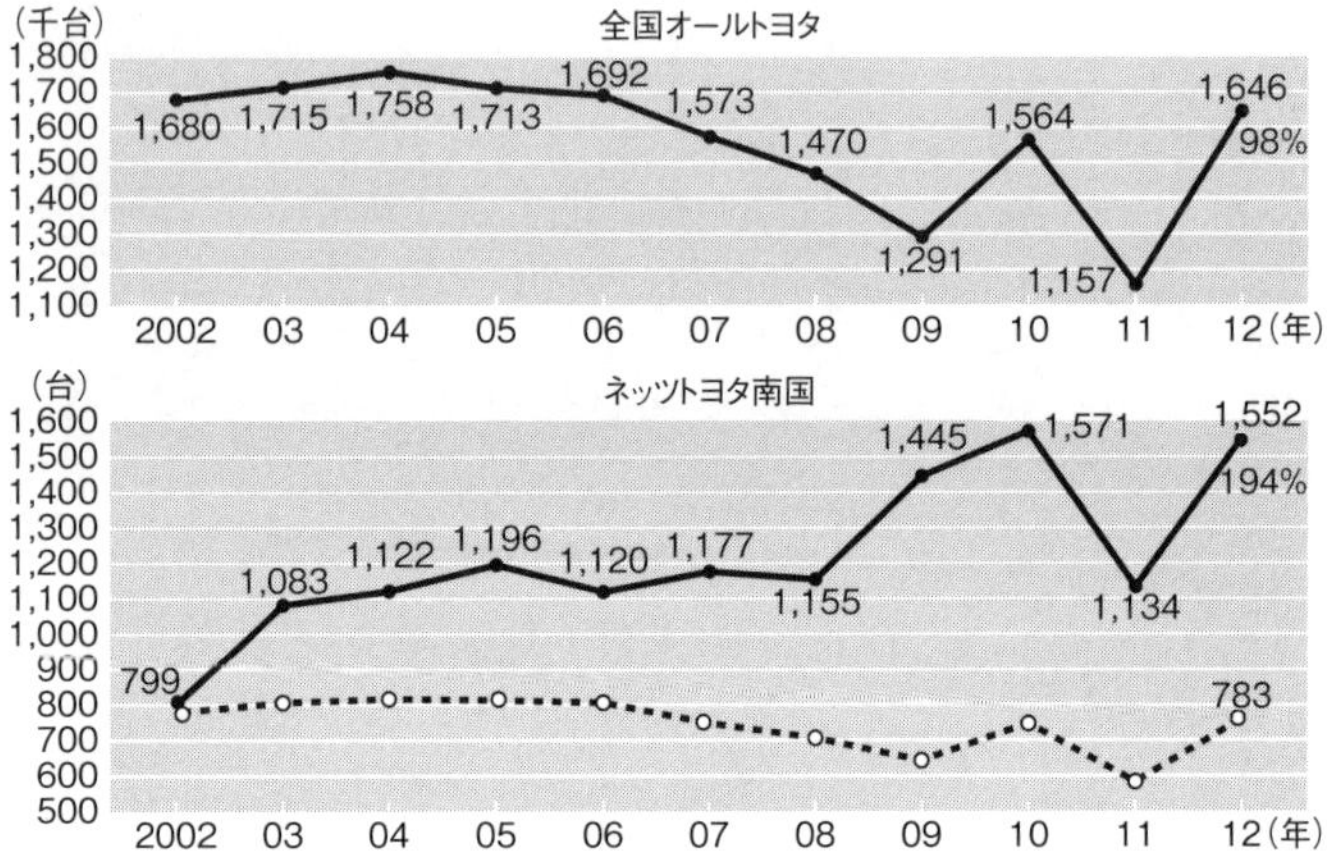

上のグラフは「全国オールトヨタ」の販売台数と10年間の伸び率(2012年は2002年比で98%)。下のグラフは「ネッツトヨタ南国」の販売台数と10年間の伸び率(2012年は2002年比で194%)。点線はオールトヨタの伸び率と同じだった場合の販売台数

【図4】社員数の推移

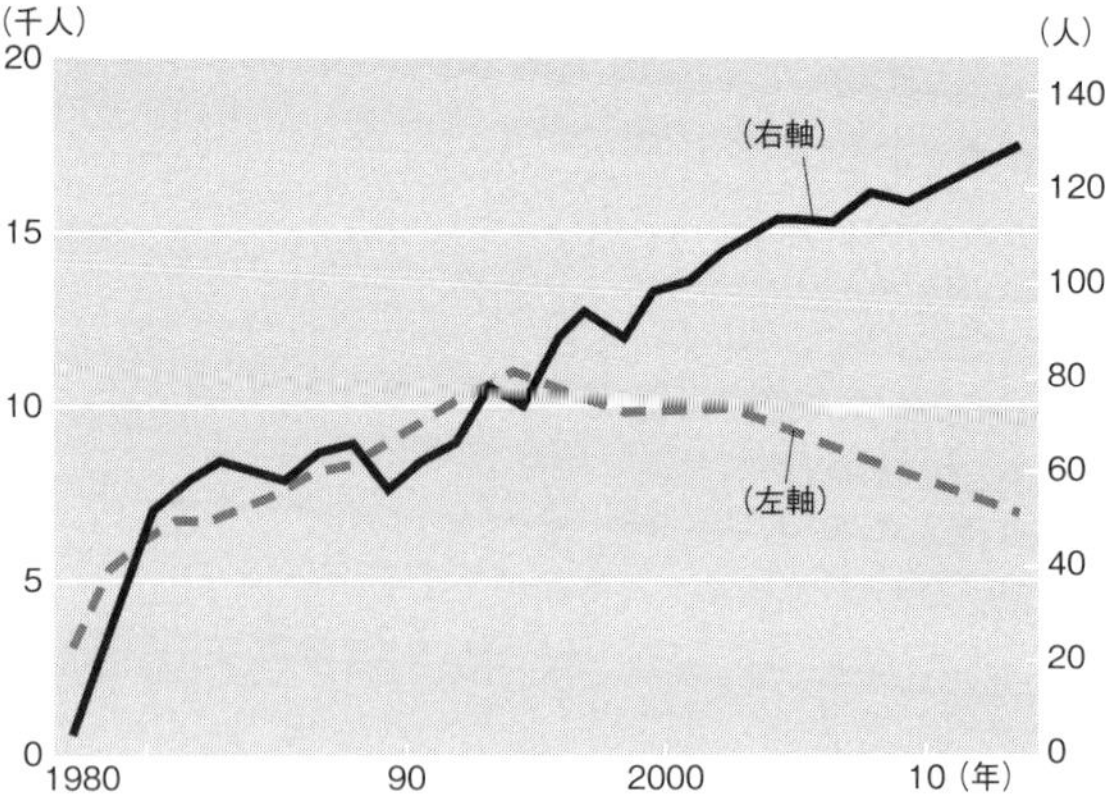

上昇の線が「ネッツトヨタ南国」の社員数の推移(数字は右軸)。点線が全国の元ビスタ店の全社員数の推移(数字は左軸)

横田「社員数はどうなってきたか。（図4・138ページ）全国の元ビスタ店のトータルの社員数、こんな感じで推移しています。バブルがはじけて3～4年してから減り始めたんですね。ピークは1万1000人ぐらい。それに対して我々は規模の拡大というのを考えなくて、質だけ追いかけてきたんですが、こういうふうになって、まだここ数年ずっと、少しずつ毎年人が増え続けています」

第9章　問題対処と問題解決

理想（あるべき姿）と現状（現実の悪さ加減）のギャップを「問題」という。「問題にどう取り組むか？」ということに関して、横田さんは「問題対処」と「問題解決」とを明確に定義して区別しておられる。

「問題対処」というのは、真因を探ることなく、さしあたり表面的な現象を改善することをいう。「問題解決」というのは、その問題の背後にある目に見えない真因をさぐり、それをしっかりと永続的に解決する、という意味だ。

たとえていえば、火事になったら水をかけて消す、というのが「問題対処」で、火事にならないような抜本的な対策を施すのが「問題解決」だ。

飢えている人に魚を一匹与えるというのが「問題対処」、その人は一日食える。それに対して、魚の捕り方を教えれば、その人は一生食える。これが「問題解決」だ。河川の氾濫に対して、堤防を作る、という対策は「問題対処」、山に木を植えて保水力を確保する、というのが「問題解決」。木を植えても、それが育って保水力に貢献するまでには何十年もかかる。「問題解決」というのは直接的で短期的な効果は期待できないが、長い年月を経て抜本的に良くなるような方策を指す。

ただし世の中では、「問題対処」のことを「問題解決」と呼んでいる人が多いので要注意だ。横田さんのいう「問題解決」を、より正確に表現すれば、「問題の抜本的解決」、あるいは「問題の根本原因を突き止めて、それを解決する」などと、長くなってしまう。

また、横田さんは自分の努力では変えることが不可能な問題は「問題」とは呼ばない。「環境」だというのだ。

たとえていえば、天候を嘆いても始まらない。成績の悪さを「環境」のせいにしてはいけない。「問題対処」も「問題解決」も、与えられた「環境」の中で、自分の力の及ぶ範囲で努力をすることだ。

横田「自分で解決できる範囲の中で考える……これが鉄則です。まずこれは問題やな、ということを思い浮かべて、それがなぜそうなったのかということをさかのぼって考えていきます。多くの人が自分では解決できない問題を、ついつい思い浮かべてしまいます。思い浮かべてもいいんだけど、考えを進めていく中ではそれは欄外に置いておく……。売り上げ目標が達成できないという問題はどこの会社でもある。これはなぜかと考えると、同業他社が大幅値引きをする。なぜか。景気が悪いからそうなってしまうんだ。もしくは少子高齢化で物を買う人が少なくなってきた。だから目標達成できないとなりますね。これは自分の力が及ぶ範囲の外に要因を求めている。だから欄外に置かなくてはいけない。

第一線の営業マンの商品知識がない。商談技術がおぼつかない、などは解決可能な問題ですね。〝やる気がない〟も、そう。なぜやる気がないのかというと、仕事にやりがいがないからだ。なぜ仕事にやりがいがないの？　人間性尊重の組織になっていないから……。人が人らしく働いていない……ロボットのように働かされている。あるいは、チームワークがいまひとつ……なぜかというと、コミュニケーションが悪い。どこで間違った？　採用で間違った。こういうふうに出てきますね。自分が解決できる範囲の中で考える。

採用担当者は、採用で改善していくのが仕事だから、採用をいかによくしていくか考えたらいい……多くの会社で見ていると、採用担当者は〝せっかくいい人財を採用しても現場でつぶしてしまう〟、こういっていますよ。教育担当者は〝もうちょっといい人財を採用してくれたら育つんだけれどね、これじゃあねえ〟といっていますよ。それで現場に行くと、現場の長が、〝いい人財が採用できていないし、おまけに教育もちゃんとできていないから、配属してきたやつを見たら、全然使い物にならないじゃないか〟と、こういうふうにいっている。自分で解決できないことばかりをみんながいって、うまくいかない要因を外部になすりつけたりする風景が一番極端な悪い例です。

全部の従業員が自分で解決できる範囲の中で問題を発見するという習慣を身につけたら、これは強いですよ。チームワークは自然によくなります。なぜかというと、相手がものすごく忙しくて、そこで仕事が滞っていたら、自分で解決できる範囲の中で改善を考えるから、自然に手伝うようになってきます」

「問題対処」の多くは、売り上げ、シェア、利益、規模といった数値化できる「量」、つまり表に出ている現象の改善だ。往々にして、それは短期的で部分最適になっており、「目標」レベルの話だ。

「問題解決」の多くは定量化できない「質」に関連しており、改善に時間がかかり、全体最適になっている。それは、「やりがいのある組織」「良い価値観」「人間力」など、「目的（夢、志）」レベルの話だ。

塾生「お話をうかがっていて、いま、だんだんうなだれてきてしまったんですが……長年医者をやってきましたが、よくよく考えると西洋医学なんてまさにその〝問題対処〟しかやっていない。例えば胃潰瘍なんかも、結局ストレスがあって、そのストレスの結果胃酸が出すぎて、その胃酸が自分の胃を溶かして潰瘍ができる。だから、根本的にはそのストレスをなくすということが大事だよと……それが〝問題解決〟ですね。でも、ストレスをなくす薬はないわけです。だから、何をやるかというと、まずはストレスには目をつぶって、出てくる胃酸を止める……胃酸を止める薬はいろいろあるので、これを毎日飲んで下さい、と出し続けるしかない……。そのうちに、その人自身があるとき、何かをきっかけに変わっていかれるんだと思いますけれども、飲まなくてもよくなる状況ということが、時々起きる。〝問題対処〟しているうちに、いつの間にか〝問題解決〟に向かった、という体験が時々あります。対処は駄目で、解決が大事……それらを見分ける力は大事だ、というのはその通りだと思うんですが、対処は対処で必要なこともあるんじゃないかと思うんですが……」

横田「ああ、それはそうですよ。火事になったら水をかけるのは対処でしょ。火事になったら、まず消さなければいけないからね……ボウボウ燃えている前で腕を組んで〝うーむ、火事にならないようにするにはどうしたらいいか〟なんて考えていたらだめ（笑）。だから、病気になったら薬を飲むのも対処だけど、それは必要。そのうち何らかの理由で問題が解決されていたという話ですね、今の話は」
塾生「僕たちが行っていることが対処なのか、解決なのかということをちゃんと見極めて、わかってやれということでしょうか」
横田「そうそう。とりあえず対処はすると。だけど、根本的な問題はどこにあるのかということを常に発見するという習慣を身につけておけば、もうちょっといい結果が将来的には手に入るということです」

いま世の中で、政治だろうと、企業だろうと、教育だろうと、あらゆる分野で、もし表面的な現象の中の「悪さ加減」を100%把握して、背後に隠れている本質的な問題を見出し、「問題解決」に向かえば、確実にいい結果が得られるはずだ。

しかしながら、「問題解決」とは何か、がわかっている人はほとんどおらず、あらゆる人が「問題対処」に駆けずり回っているというのが現状だろう。

ネッツトヨタ南国では、すべての社員が「問題解決」に取り組むように、左記の社訓を定めている。

ネッツトヨタ南国　社訓8

悪さ加減を100％把握することからすべては始まる。
先ず問題を知る。
より多くの人々が問題に気付くことが、解決への第1歩である。

横田「仕事の種類は4種類あるというふうにいわれています。重要な仕事と重要でない仕事、今すぐしないといけない仕事と、急がない仕事（図5・147ページ）。

自動車販売会社の場合、日々の受注活動とか、広告宣伝、通常メンテナンス、クレーム処理、事故処理、車を買いそうな人を探し回るというのが〝ホット（車を買いそうな客）探し〟ですね。これ、緊急で重要です。じつは全部〝問題対処〟ですね。これを第Ⅰ領域と呼びます。

緊急ではないが重要な仕事は、採用活動とか、社員教育とか、やりがいのある組織づくりとか、チームワークづくり、会社のイメージアップ、プロセス管理、種々の改善活動、これは個別複合なんて言っていますが、顧客満足度を高めるためのいろんな活動ですね。これが〝問題解決〟のための仕事です。これが第Ⅱ領域です。

あとは、重要ではないが緊急な仕事は第Ⅲの人気領域、緊急でもないし、重要でもないというのは第Ⅳのストレス解消領域といっています。

【図５】４種類の仕事とは

	緊急	緊急でない
重要	Ⅰ　問題対処領域 受注活動 広告宣伝 通常メンテナンス クレーム処理 事故処理 ホット探し	Ⅱ　問題解決領域 採用活動・社員教育 やりがいのある組織づくり チームワークづくり 会社のイメージアップ プロセス管理 改善活動 個別複合的CR活動
重要でない	Ⅲ　人気領域 議論をしない会議 無意味な付き合い 移動時間 雑用	Ⅳ　ストレス解消領域 暇つぶし 単なる遊び 待ち時間 意味のない活動

ここで第Ⅲと第Ⅳはひとまず置いておいて、第Ⅰと第Ⅱの時間的ウエイトを１００ということで考えてみましょう。第Ⅰ領域を95で、第Ⅱ領域を5ぐらいやっているというのが自動車販売会社の普通の姿です。それを94：6にしたら、一瞬実績は下がりますが、しばらくすると元に戻るんですね。93：7にするとまた下がりますが、元へ戻ります。次々に92：8、91：9、90：10にする。どんどんやっていくと、実績が１００以上になってきたりするわけです。80：20にしたころに実績が１２０ぐらい出てくるんですね。このメカニズム、おわかりいただけます？　なぜそうなるのか。第Ⅱ領域をやっても、すぐに実績には結びつかないんだけど、相当時間がたってからグッとパワーが出てくるわけです

よ。まず採用について考えてみましょう。採用に力を入れれば、今まで採用できなかったレベルの人間が入ってくるでしょう。それが2～3年すると戦力になってくる。そうすると、今までいた人よりレベルが高いから、トータルとしては結果が出ます。80：20になっても、実績が130とか140になってくるという話です」

塾生「直接的に売り上げにつながる仕事を100から80に減らしたのに、売り上げは逆に130、140になった、ということですか？」

横田「そのとおり」

塾生「信じられない」

横田「でもこれ、本当の話。ちょっと思い出したけど、業績なんか、うんこみたいなもんだ。体を健康にすれば、そしてよい食生活をすればよいと。これは〝かんてんぱぱ〟の伊那食品工業の塚越寛会長の言葉です」

天外「ああ、社員をとても大切にして、48年間ずーっと増収増益という会社ですね」

横田「売り上げを上げよう、利益を出そう、それ、全部量の話でしょう。量ばかりを追いかけると最後は量が手に入らなくなる。しかし、質ばかり追いかけても、それは駄目ですよ。量をある程度考えながら質を重視する。余裕ができたら質をよくすることにもっと力を入れる。こうすれば量がついてくるようになるでしょう。

質のみを追求して、量は一切追求しないような人も世の中には結構いますよね。朝行くと行列ができていて、その日用意した分だけ売ったら、それ以上作らない、そういう人たちはあまり量を重視しない。質のみを追求している人ですよね。そうすると、広告宣伝とか、その辺のことを全然しなくてよくなってきますよね。ただ作るだけ。営業活動を一切しなくていい。そういうふうになります。

自動車販売とか、競争の激しい世界は、そんなやり方はできませんけど、それに向けてちょっとずつ近づけていく。これはやればできますね。でも、そんなに簡単ではないね。かなり難しいと考える人がいますが、難しいのではなくて、単に複雑なだけです。簡単の反対、複雑。やり続けないと駄目。軸がぶれたらいけませんね。うまくいかないところは軸がぶれている。整合性がない。そこに問題がある場合が多いように思います……」

横田さんは、前章で述べられたトヨタ自動車のディーラー政策を「問題対処」といっておられる。トヨタは最初のディーラーネットワークとして、1935年に日本中の都道府県にその名を冠した「トヨタ店」を作った。「東京トヨタ」「高知トヨタ」などだ。当初は勢いよく売り上げが伸びていったが、やがて伸び率が鈍化してきた。もっと売り上げを伸ばしたい、という理想に対して、現実は伸び率が鈍化してしまったのだ。

その真因は何かをよく調べることなしに、新しいセールスチャンネルを作ればいい、という対策が取られ、トヨタ店とは別に、新たにトヨペット店というチャンネルが作られた。

当初は、たしかに売り上げが伸びた。ところが、しばらくすると、またまたトヨペット店の売り上げ伸び率が鈍化してきた。

前の成功体験があるものだから、こんどは「カローラ店」を展開した。その繰り返しで、結局最大5つのチャンネルを抱えることになった（現在は4つ。ただしトヨタとは別の高級車ブランドとしてレクサスがもうひとつある）。それぞれのチャンネルにどの車種を売らせるか、併売させる車種をどれにするか、複雑怪奇な商品企画戦略、マーケティング戦略が必要になり、前章で述べたように、お客にとってもトヨタ自動車にとっても不都合な結果になってしまった。

横田「要するにたくさん売ろう、たくさん売ろうと思ったから、たくさん売れなくなった。だからもっと売るために次のお店を作った。次のお店もたくさん売ろう、たくさん売ろうとしたからたくさん売れなくなった、ということの連鎖です……」

つまり、売り上げ鈍化という現象に対して、すぐに売り上げが伸びる方策を次々に打ってきたのだ。「売り上げ」という現象面で見る限り、これらの方策は短期的には正解だった。チャンネルを新設するたびに、確実に売り上げを伸ばしてきた。

トヨタ自動車としては、ともかく売り上げが欲しいので、クラウンとマークⅡとカローラを見比べる時に、お客がそれぞれ別のお店に行かなければいけないとか、それぞれのお店が過当競争で疲れ切ってしまうとか、人口の小さな市には誰もお店を出さない、といった弊害には目をつぶったのだろう。

ビスタ店を展開する時には「これからの自動車販売は来店型になる」という見通しのもとに、新しいディーラー像を模索した。変容し始めた自動車市場を踏まえて、既成の概念にとらわれない新しい販売手法にチャレンジし、それぞれのお店が独自性を追求し、高効率販売、高効率経営に挑戦する、という高邁な理想を掲げた。

しかしながら、実際のトヨタからの指導は旧態依然たる拠点展開だったり、他はこうやっていますよ、という模倣の推進だった。それらは、過去の４つのチャンネルの展開の時の方法論とまったく同じだった。長年その４つのチャンネルを指導してきたのがうまくいかなかったので新しいビスタというチャンネルを展開しようとしているのに、またぞろ昔通りの指導をやろうとしていたのだ。

これらはすべて「問題対処」だ。

横田「ビスタを作る時、若い新しい会社が元気よく営業活動を開始すると、既存の4チャンネルは危機感を感じて頑張る……メーカーがそんなことをいうんですよ。これもおかしいね。いままで何十年も手とり足とり指導してきたのに、そんなことしないと頑張らなくなったのはなぜ？　と考えないと……」

横田さんは、ひとつのチャンネルが伸び悩むのは、売り上げを追求するばかりで中身の充足がおろそかになっていたためだ、と見抜いた。量を追求すると質が悪くなり、やがては量もだめになってくるという単純な原理だ。

そこでまず、「いい人」に集まってもらうために採用に力を入れた（第4章）。普通は売り上げを急激に上げるために、慌ててセールスマンを大勢採用するのだが、それをしなかった。

横田「たくさん売るためには営業マンの数を増やさないといけない。そうすると採用が雑になって、本来の力が十分発揮できない人までも採用してしまう。いいじゃないかと採用して、しばらくやらせてみて、だめなら肩を叩いたらいいんだよ、というような安易な考えで量だけを追いかける。そうすると、最後はその一番大事に思って追いかけてきた量が手に入らなくなるということが起こりますよね。これはどこの世界でも一緒です。スーパーの過当競争も、ガソリンスタンドの過当競争も、自動車販売会社の過当競争も、全部量を優先して質をなおざりにしている結果です。簡単に言うとそういうことです。ですから私たちは、そうならない会社を作ろう、こう考えました」

即戦力を身につけさせるためには、知識やノウハウをどんどんつぎ込んだほうが早いのだが、何も教えずに、本人の成長を促すという方針を貫いた。同様に、ベテランが指示命令をしたほうが短期的な売り上げにつながるのだが、上からの指示命令をなくし、本人に考えさせることにより息の長い成長につなげていった。

横田「教えたら自分で学ぶという力がなくなってきますよね。こうしなさい、ああしなさいって教えまくったら、相手はいわれたとおりにやるロボットになります。後でわかったのですが……いわれたとおりやっていると、最後はいわれたことすらできない人になります。これは見ていてそう思った。ああそうか、いわれたとおりやらされていて、延々とやらされている過程で、こんなことが起こって、あんなことが起こって、こうなって、あなって、そして最後はいわれたことすらできない人に育ってしまう……というのを私は自分の目で見て感じました。ですから、いわれなくてもできる、何をどうしたらいいのか自分で考えてできる人財の集団組織、これを作ればいい」

「来店型」のお店作りを徹底するため、ショールームに車を置かず、無料の飲料を提供して来客をはかった。イベントで集まったお客に対しては、車を買う買わないにかかわらず丁重にもてなした。試乗車をたくさん用意して、48時間貸し出し、感想文を5000円で買い上げた。

「感想文を書くと、その車にこだわりを持つようになり、何となく好きになるのですよねぇ。そして、その車は買わなかったとしても本当にお客様に気に入ってもらえる車を選んでほしいと考えている、こちら側の姿勢も理解してもらえる」と横田さんはいう。結構、人の心理を読んでおられる。

メーカーの指導に逆らって、内部が充実するまで次の拠点を出さなかった。

これらのすべてが「問題解決」だ。

すでにおわかりと思うが、「問題解決」「問題対処」といっても、それぞれ方策がひとつずつあるのではない。直接結果に結びつかないプロセスの改善、より結果から遠い方策、より時間がかかる方策、より根本要因に近い方策を「問題解決」と呼んでいるのだ。

（表5）

「問題解決」	①人財採用活動 ②従業員を感動させる ③ES（従業員満足度）を上げる ④社風をよくする （柔軟な思考と積極性・協調性・好奇心に富む精神的若さのある人が育つ環境） ⑤コミュニケーション、チームワークをよくする
「問題対処」	⑥社員研修（商品知識、商談技術） ⑦新しいお店（セールスネットワーク）を作る ⑧広告宣伝（新聞、チラシ、ラジオ、TV） ⑨来店誘致（電話、はがき、訪問） ⑩ホット探し ⑪ノルマ ⑫成功報酬 ⑬夜討ち朝駆け（お願い） ⑭値引き

「売り上げが伸びない」という問題に対する方策を列挙してみよう（表5・155ページ）。番号の若いほど「問題解決」的だが、それほど順番がクリアではない項目もある。

横田「問題解決のための方策は、だから先ほど述べた未来工業と私たちの共通点。徹底的な差別化戦略です。よその会社がやらないことをやろう。原点を踏まえて、そしてあるべき姿というのを明確に描いて、それに対して何をどうしたらいいのか考えると、それはよその会社がやっていないことに自然になります。それを延々と推し進めてきたら、途中で、〝あなたたち何やっているんですか。車を売ること以外のいろんなことをやっていたんですね。もっと車を売ってくださいよ……〟っていわれましてね……。要するにメーカーの担当者の本音レベルの気持ちというのは、ただ車をたくさん売ってくれさえしたらいいというのがあります。それでいいんですかと、とことん問い詰めると、〝いや自動車のある豊かな社会を築くのが私たちの理念でして〟なんて、そういう言葉が浮かんできますけれど、普段はそれをすっぽり忘れてほかのことをいいますよね。担当者は上司から『おまえ、あそこ、もうちょっと指導してこいよ』といわれています。そこで担当者は私達に対して、すぐよい結果に結びつく対処策ばかりを提案するんです。これはどこの世界でもたぶん一緒じゃないかなと思います。ふり回されるほうが悪いんです。

　私たちは多くの方から、あの会社はメーカーのいうことをあまり聞かなかった会社だ、と思われているんですよ。でも、我々にいわせてもらうと、〝変容し始めた自動車市場を踏まえて来店型の売り方など、既成の概念にとらわれない新しい販売手法にチャレンジし、それぞれのお店が独自性を追求し、高効率販売、高効率経営に挑戦する〟というメーカーの掲げた高邁な理想をそのまま実行しただけ……。ですから、日本で一番メーカーのいうことをよく聞いたディーラーというふうに私たちは自負しているのですが、そんな訳でメーカーの人を含め、多くの他のトヨタの販売店は、あそこはメーカーのいうことをあまり聞かなかった会社だよねと、そういう位置づけになっています」

塾生「横やりとかはなかったんですか」

横田「お願いされるという感じですね……。それに逆らって信念を貫いたから、変わり者だと思われていましたね」

塾生「メーカーは、あなたがやらないんだったら別の方にやってもらいましょうかと……」

横田「そこまでのプレッシャーは受けなかった……でも、そういわれてしまうと負けですから、いくら自分が正しくても権力には負けますから……だから、担当者とはとことん議論するんです。一年以上も議論していると、よく理解してもらえるんですが、それを短時間で自分の上司には説明できないんです。結果、『いろいろ説得したんですが……』『そうか……いうこときかんなあ……』となってしまうんです。ある時、その上司と新幹線で並んで座ったことがありましてね、普通だと逃げられちゃうけど、新幹線の中だと2時間逃げられない（笑）。みっちり議論したのですが、最後には、ちょっと悲しいんですけど、わかりました、よくわかりましたといって、次の瞬間、ムフフッと笑って、頭の所でまるでスイッチを切るようにパチンとやる……」

天外「説得されちゃってはいけないからパチンと記憶消去……映画『メン・イン・ブラック』の世界だね……（笑）」

横田「あなたの言っていることはありとあらゆる角度ですべて辻褄が合っているし、正しい。だけど、それを認めたら私は仕事ができませんと、こういう感じかな……。これは大企業の人事が現場から遠い所で行われているということと関係がある、と私は思っています」

塾生「横やりの中で、その方針を通してこられた……一度も揺らがなかったですか？」

横田「それは、こうやったら絶対将来よくなる、という確信がありましたからね。過去からのいろんな格言、賢人の言葉、経済学者、経営学者がいっていることの中に自分の考えと同じものがいっぱいありますよ。だけど、世の中を見てみると、その反対をやっている人がたくさんいて、その人たちは、いい結果が出ていない……どこかで行き詰まる。企業の平均寿命は、だいぶ前は30年で、今は15年とか言いますよね。せっかくスタートしたのに何で駄目になるか……そこを突き詰めていくと、〝目先のことしか考えなかったから……〟ということになりません？

諺が何かありましたね。1年先のことを考える人は野菜を育てる。10年先を考える人は木を育てる。20年先を考える人は人を育てると……。一番長期的な戦略を持っている経営者というのは人を育てるんです」

塾生「多くの経営者が、〝儲かるだけ儲ける〟と思っている中で、横田さんは……ものすごく基本的で深いことに気付かれた。何かきっかけみたいなものはありました？」

横田「いや、それはよく質問を受けるんですね。あなたの転機はいつですかと。そんなもの何もないんですよ。何かね……生まれつき〝なぜか？〟と考える癖があるだけです。私が若いころ、私のことを変わっているよ、という人たちが周りにいっぱいいました。ある人が、〝横田英毅って変わっている、変わっているってみんないうけど、どこがどういうふうに変わっているの？〟と聞いたんです……私の知らないところで。そうすると、答えられなかった人が多かったらしいんですが、答えた人の答えは『あいつはいつも〝なぜ〟〝どうして〟と聞いてくる』というものだったんです。そこにある大事なものが、なぜそうなのかというのを考えない人が結構多い。

いま、あなたは〝儲けなきゃ、儲けなきゃ〟といったでしょう。企業はなぜ儲けないといけないんです？」

塾生「儲けないと給料が払えない……」

横田「売り上げを伸ばして儲けるためには、人を大勢雇わなくてはいけない、と強迫観念的に考える人が多い。そして、よく吟味しないでどんどん雇ってしまう。ところが、いつの間にか逆に、雇った人がいるから儲けなければいけない……となってしまう。ところが、雇った人のレベルが低かったら、さっぱり儲からない……いったい何のために企業を

（表6） 人財育成の方法論

「問題対処」		「問題解決」
上意下達	百聞＜一見	感じる
指示・命令		気付く
報告・連絡・相談	百見＜一体験	考える
真似させる		発言する
失敗を咎める	一万聞＜一体験	行動する
教える（知識）		反省する
理解させる		体得する

経営しているか、という発想がないからです……。間違った方向に向かって何かを一生懸命やっている人が、結構多い……」

普通の企業では、人を育てるとき、指示命令し、先輩の真似をさせ、教育をして知識を教える、というのが一般的だ。それは「問題対処」的だ、と横田さんはいう。

ネッツトヨタ南国では、すでに述べたように指示命令も教えることもしない。本人が感じ、気付き、考え、積極的に発言し、行動し、結果を反省し、体得する……という方法論だ（第5章）。

これが人財育成における「問題解決」だ。

横田「普通はこの表6（160ページ）の左側の「問題対処」型で人を育てようとしま

すね。私たちは右側、「問題解決」型を極力意識しています。単に頭で理解するのではなくて、会得もしくは体得する。行動を起こしたときに、いい形で実現するのがどうもこちらなんですね。「問題対処」で人を育てて理解させても、どうも実務はいまいちになります。

〝百聞は一見にしかず〟という言葉は昔からありますが、もう一つ、〝百見は一体験にしかず〟というのもあるんですね。これを計算すると〝1万聞は1体験にしかず〟となる。ですから、〝何回いったらわかるんだ！〟、と上司に怒られたら〝1万回です〟といえばいい（笑）」

天外「〝百聞は一見にしかず〟というのは、結構サイエンティフィックですよ。脳の神経細胞の数ですが、聴覚神経と視覚神経がちょうど100倍違います。それから、体験で言うならば、〝1オンスの体験は1ポンドの知識にまさる〟というのが哲学者で教育学者のジョン・デューイの言葉ですね。1ポンドというのは1オンスの16倍だから……見るというのが知識の獲得だとすれば、見ると体験の差が16倍違うことになります。16倍とか100倍とかいう数字はさておき、それほど体験というのは大きな意味を持っているということでしょう」

横田「昨日、あるところでセミナーを受けていまして、そこで本田宗一郎さんが母校に作った記念碑を見ました。石碑です。そこに1行で、〝試す人になろう　本田宗一郎〟と書いていています。本田宗一郎の言葉がありまして、〝人生は見たり聞いたり試したりの3つの知恵でまとまっているが、多くの人は見たり聞いたりばかりで、一番大切な……試したり……をほとんどしない。ありふれたことだが、失敗と成功は裏腹になっている。みんな失敗を恐れるから、成功のチャンスも少ない。（やってみもせんで）……宗一郎〟とね……。ネッツトヨタ南国でも〝試す人を作る〟〝ともかく行動する〟〝ともかく発言する〟ということを、ずーっとやり続けてきました」

横田さんが実践してこられ、私が井深さんのマネジメントの中から抽出して体系化してきた「フロー経営」「燃える集団型マネジメント」「人間性経営学」などは、いまの日本の産業界ではごくごく少数意見にすぎない。

こちらは、創業期のソニーで実行されていたり、どちらかというと日本の企業経営の底流に密かに存在していた。私自身もソニーの経営がおかしくなってからようやく気付いたくらいで、密かに存在はしていたのだが、人々は意識することがなかった、というのが真相だろう。

世の中で経営学というと「合理主義経営学」（表1の左側・11ページ）しか知られてお

らず、日本の企業は表向きには「合理主義経営学」を標榜しながら、実質的には徳を積んだ経営者の裁量で「人間性経営学」のエッセンスが実行されていたのだ。両者は相矛盾しており、エッセンスを実行するためには微妙な舵取りが要求される。それは見ようによっては、日本的な〝いい加減さ〟に映るだろう。

時代が進んで、経営者の器量が小ぶりになってくると、その〝いい加減さ〟を許さなくなり、エッセンスは継承されずに「合理主義経営学」一辺倒になっていった。

その意味では、従来の密かに実行するやり方を離れて、表だって正々堂々と「人間性経営学」を実行してきた横田さんの実績、影響力はとても貴重だ。

人間の本質を理解し、人間性をしっかり尊重するという観点からは、どうしてもこういう経営論になると思うのだが、それが社会の表舞台にまだ十分に知られていないことは注意が必要だ。

横田さんの「問題解決」という発想は、物事を徹底的に突き詰めて考えるという習慣から生まれ出た。

横田さんの経営全般は、簡単には真似できないが、このように物事を徹底的に突き詰めて考えるというのは、トレーニングによって能力を向上させることができると思われる。

あるいは、「問題解決のためのワークショップ」をお願いするといいかもしれない。

第10章　「任せる」ことの難しさ

トヨタのカルチャーの中に、「〝なぜ〟を5回聞く」、というのがある。最近は形骸化して、機械的にただ5回聞くだけでお茶を濁す人も増えてきたという声もあるが、本来は物事の根本原因に迫っていくのが趣旨だ。つまり「問題解決」のための手法でもある。

よく出てくる例として、生産に使っている機械が壊れた、というのがある（表7・166ページ）。

前章の記述にならうと、「ヒューズを換える」「油をさす」「油圧ポンプを交換する」というのが「問題対処」だし、「定期点検をする仕組みを作る」というのが「問題解決」になる。

①は、誰の目にも見える表面的な現象だ。②は、すぐにわかる直接的な原因であり、近

（表7）

「表面的な現象」	①	電動の機械が動かなくなった	「川下」
		（なぜ）	↑
	②	ヒューズが切れた	
		（なぜ）	
	③	抵抗が大きくなり、大電流が流れた	時間の流れ
		（なぜ）	
	④	軸受け部の潤滑油が不足	
		（なぜ）	
	⑤	油圧ポンプの故障	
		（なぜ）	
「根本的な原因」	⑥	定期点検をする仕組みがなかった	「川上」

因といえる。番号が大きくなるにつれ、見えにくくなり、すぐにはわからない遠因になり、より本質的になり、時間の流れの川上になる。

さて、本章ではこの手法を使って、「経営者は、なぜ部下に仕事をまかせられないのだろうか？」という疑問を追求していった例をお伝えしよう。

横田さんから、ネッツトヨタ南国におけるさまざまなイベントの写真が紹介された。新車発表会とか、お客さんを巻き込んでのお祭り、ラリーなどだ。

横田「しょっちゅうこういうイベントをやっているんですよ。でも、課長以上の人は全く関与していません。だから、管理職はどういうことをやるのかわからない……当日初めて見て、え？　今回こんなの？　という、そういう感じ……天外さんのいう〝コントロール願望〟はまったくないですね。練習とか準備とか打ち合わせを入れると相当な時間かかっていますけど、これ、残業代なんか出ていないですよ。やりたい人が勝手にやっている。そういう世界ですね」

塾生C「管理職の方が全然知らないでということは、信頼しきっているということなんですか。どうなってもいいのか……でもどうなってもいいとは思っていないですよね」

横田「まあ大丈夫やろうなぐらいの……」

塾生C「それはいつごろから手放すことができるようになったんですか」

横田「徐々にです」

塾生C「それまではやっぱり報告は来ていたんですか」

横田「うん。それまではね……。報告というのは、求めなかった

らしませんよ。求めるから来るわけで。相談も、相談しに来いとしょっちゅういうか、もしくは何か勝手にやったときに、後から駄目出しをしたら、相談に来るようになるでしょう。駄目出しをしないで、評価をしないで、天外さんのいう〝コントロール願望〟がはずれると、主体的に動ける社員が育つ。いい結果になって欲しいと一番思っているのは本人ですからね。それは管理職より強いでしょう。それを信頼する……」

天外「いまの塾生Cさんからの質問で分かったのは、要するに横田さんやネッツトヨタ南国の管理職は手放せている。でも、普通は手放すとどうなるかわからない、と不安になる。やっぱり結果がまずくなったら責任問題……。だから、ついつい干渉してしまう……だから手放せない。まかせきれない。なぜ、私は手放せないんだろう。これ、すごくいい宿題だね。手放せばみんなうまくやってくれるかもしれないけれども、でも心配だし。うまくいかなかったら大変だしね」

塾生A「考えていくと、例えば最後は自分が責任を取らないといけないから……かな。ひとつは結果がどうなるかわからないから。結果がもし悪かったときに、おっしゃったようにクレームが来るのではないかとか、評判が悪くなるんじゃないかとか。評判が悪くなったら、例えば受託で運営しているところだと、おまえのところは運営させないぞといわれるのではないか。お客さんが来なくなるんじゃないか。お客さんが来なくなると私、困るし……」

天外「そうだよね……なぜそうだと思う？　要するに結果に不安があるわけだよね」

塾生Ａ「はい」

天外「何で結果に不安があるんだろう。これ、結構この3回のセミナーの中心課題……これがわかると3回出なくてもいいかもしれない。でもこれ、すごく難しい問題……結構キーだと思う。みんな手放したいけれども、手放せない……不安があるから。でも、横田さんは手放せている……いったい何が違うんだろう。横田さんだって責任がある。結果が悪ければ、例えば新車発表会でぐちゃぐちゃになったら、やっぱりお客さんからも馬鹿にされるし、メーカーからもいわれるし、大変評判が悪くなるし、従業員の士気も落ちるだろうしね。結果が悪かったらやっぱりまずいわけだよね」

塾生Ｃ「最終的には結果が悪かったときに自分が外からどういわれるかとか、もっというと、例えばそのことによって自分がやりたいことができなくなるんじゃないかという……」

天外「それは要するに不安だよね。不安を別の形で表現しているだけ。その不安は何で出てくるの？　誰だって不安はある……横田さんだって手放しているときだって不安がないわけじゃない。でも手放せているわけ……。もうひとつ奥の〝なぜ〟に行きたいね」
塾生C「自分の存在価値がなくなるというか」
天外「自分が傷つく。それも不安だよね」
塾生「結局信頼してない……」
天外「何で信頼できてないの？」
塾生「いま自分にもあてはめてみたんですけど、信頼できるほどの人間関係を築いてないし、教えてない。けど、それはなぜかと考えたら、自分に教えるほど、伝えるほどの力がない」
天外「でも、横田さんのところは教えてないわけだよね、逆に……！」
塾生「腹くくっちゃうというか」

天外「どんどん出して。ブレストのつもりで……」
塾生「その人のことを考えないで、自分のことを考えているんじゃないですか」
塾生「結局人のことを信用できていない自分がいるとか、部下が失敗すると、そういう思い込みを持ってしまっている」
塾生「自分が失敗したときに、その怖さを避けたいから」
天外「それも不安感かな……」

塾生「将来何が起こってくるかわからないより、自分でコントロールしたい。未来を知る手っ取り早い方法は自分でやること」
天外「どんどん言おう、みんな」
塾生「自分に自信がない」
天外「自信？　何の自信だろう？」
塾生「人を信頼してないのではなくて、人を信頼できる自分ではない。自分自身を信頼していない」
天外「自分自身を信頼していない。うん、そうだね。あとは？　どんどん言おう」
塾生「自分がやったほうが早い」
横田「自分がやったら早いし、こうしろああしろと言ったほうが早いね。結果もいい」
塾生「結局任せきれないから、お互いに成長していかないということかな……」
塾生「自分のやり方が正しいと思っている」
塾生「答えがひとつだと思っている」
横田「自分の持っている答えが、その正しいひとつの答えだってね……」
塾生「常識に縛られている」
塾生「下が勝手にやってうまくいったら、自分は不要になる……」

天外「自分なしでうまくいったら困る。これは真実だね……」
塾生「自分でやったほうが、楽しい……自分の満足感がある」
天外「自己満足……」
塾生「自分がやりたい、やりたくてしょうがない……」
横田「仕事は好きなの？」
塾生「はい、多分……」
天外「自分の貢献を形にしたい、あるいは自己顕示欲かな……」
塾生「達成感を味わいたい」
天外「あとは？」
塾生「目先のことばかりに目が行ってしまって、遠くが見えない」
天外「目先の結果ばっかり求めていて、長いスパンの話が見えていない。それはそのとおりだね。それを見えるようにするのが、５つの〝なぜ〟なわけ……。
ちょっと話題を変えて、要するに任せてもうまくいく状況というのはどういう状況なの？　要するに皆さんが不安に思っているのは、任せてもうまくいく状況になっていないわけだよね。だから不安になっているわけ。いまのところ３つ目ぐらいの〝なぜ〟で止まっているんだけれど……。任せてもうまくいく状況というのを想像してみると４つ目に行けそうかな……。自分が指示命令したり、自分がやったりしないで、手放して任せるとうまくいく……どういう条件を満たしていたら任せてもうまくいくんだろう」
塾生「問題解決能力のある部下がいる」
天外「そうだよね。あとは?」
塾生「担当者が自分は期待されているとか、信頼されているとかを感じている」
天外「部下が上司の信頼感を感じている……」
塾生「期待されている。期待感を感じている」
天外「要するに部下の責任感がちゃんとしているということかな……」
塾生「喜びがある」
天外「ああ、喜びっていい言葉だね。すごいキーワードだと思う……喜びは何で出てくるんだろう。部下が、喜びをもって仕事に当たっている、そういう状態だったらまかせてもうまくいきそうな感じがする……多分。その喜びは何で出てくるんだろうか……」
塾生「自分が考えたことがよい結果をもたらすことができると部下は喜ぶ」
塾生「上司から認められたり、褒められたり」
塾生「信頼されている」
塾生「自分の設定した目標が達成できたと自分自身が本当に思っている」
天外「目標を自分で設定したこと……それを達成した体験……」

塾生「喜ばれるから。結果を喜んでもらえる人がいる」

天外「自分の行為に対して、それを喜んでくれる人がいまいる。あるいは過去に喜んでもらった体験も含むかな……」

塾生「自分が成長できたとか、変わっていったという体験、それを体験できている」

天外「成長の実感があるということかな。あとは？」

塾生「ただ単純に好きだから。やっていることが楽しい」

天外「そう、それが喜びということだよね。どうしたら喜びが出るかな……。喜びが出るような組織なり集団だったら、任せてもうまくいくでしょう……みんながすごい喜びに満ちた状態になっていれば、いちいち指示命令しなくても、それから自分が、上司として何かやらなくても多分うまくいくような感じがする……というところまで来たわけ。３番目の〝なぜ〟かな、４番目かな。かなりいいところまで来ているよ……」

塾生「自分の仕事が何か価値を生んでいると実感できる」

天外「自分の仕事の価値が実感できるということかな。あとは？」

塾生「目的というか、イメージを共有できている」

天外「目的とかイメージが共有できている。どこに行くか、みんながわかっている」

塾生「自分が任せてもらう立場なら、いちいち話さなくても、行き先が明らかになっていないと……それが経営理念だったり、経営目標だったり、ビジョンだったり、組織によって違うと思いますが……」

天外「うん。どこに行けばいいのか、暗黙のうちにみんなわかっていること」

塾生「この人たちならできると経営者が信じている」

天外「信頼している……でも、何で信頼できるかという話をしているわけだよね。要するに信頼できないから不安になるわけだから……」

塾生「うまくいくというふうに信じている」

天外「何で信頼できるんだろう。あるいは、何で信頼できないんだろう。不安になるということは、信頼できないからだよね。でも、信頼しましょうといったって信頼できるわけじゃない。でも、横田さんは信頼できる……」

塾生「自分の心のフィルターなんじゃないですかね。さっきもいったけど、うまくいかないという思い込みを持っている」

天外「うまくいかない不安は思い込みであると。でも、それはスイッチできるかな」

塾生「そのためには自分自身を信じるというところからなのかなと思うんです」

天外「でも、うまくいかないと心の底で思っているときに、うまくいく、うまくいくと呪文を唱えたらうまくいくかな？　ちょっとそれは無理だよね。心の底では不安があるわけだから。心の底から出てくる不安に、表面的な意識レベルでうまくいくと思ったってその不安は消えない……だから、不安のない状態というのはどうでしょうかというのが、いまの話題。信頼できるというのはどういう状態なの？」

塾生「結果を受け入れる」

天外「結果を受け入れる。結果が悪くてもいいと……」

塾生「失敗も、うまくいく、成功のためのプロセスなのかなと考える。一発でうまくいきゃしない」

天外「失敗を許容するということ？」

横田「許容しないで、むしろ失敗を期待する……失敗することを信頼するわけです。やっぱり失敗したか。信頼どおりや。結構それ、大事なことですよ」

天外「ああ、これもキーですね。任せるということは、失敗する権利を渡すこと……」

塾生「成功するまで任せることしか……」

横田「問題発見のチャートを今作っているわけで、どうやって問題を発見するか」

塾生「自分でうまくいった、うまくいかないという基準を作らない。任せたら、任せる」

天外「基準を作らない。要するに、基本的にどうしてもうまくいかなきゃいけないということを捨てるということだよね。でも、最初の問題提示が〝どうして手放せないんだろう？〟だから、これは堂々巡りだね。こんなところでいいですかね、大体」

横田「そうですね」

天外「大体出尽くしたと思うんですけれども、基本的に担当者が喜びをもってやっていると不安なく任せられるという、ひとつの答えが出ているんだけれどね……そこから先を掘り下げるのが難しい。だから、部下たちがやる気をもって、すごく燃えて取り組んでいる……一生懸命やっているというところが見えれば任せられるよね、多分。あまり不安を持たないと思う。だから、結果を手放すということももちろん必要なことで、すごく重要なポイントだけれども、まず部下たちがやる気を持って、燃えて、喜びをもって取り組んでいるということだよね。それができるには何が必要か……要するに今ここでね、天外塾でもそうだし、横田さんのセミナーでもそうだし、キーは、従業員がやる気を持って燃えて仕事に取り組むということだけ。一番のキーポイントはね。それができれば大体全部解決なわけよ。

僕はそれが経営だと思う。従業員がやる気を持って、燃えて、全体のことを考えて、横田さんの言葉でいえば一人ひとりがちゃんと経営をやると。それができれば上の人は何も不安はないし、手放せるわけだよね。それを勉強しようとしているわけ。でも、どうしたらそれができるだろうね」

塾生「社員がやる気を持って、燃えて、仕事に取り組むということがどうやったらできるかということですか？」

天外「そうそう。それが経営……経営というのはまさにそれをやることであって、指示命令をすることじゃない。自分が代わりにやることでもない。フィロソフィーを教えることでもない。仕事の内容を教えることでもない。ただひたすら、一人ひとりの従業員が燃えて、喜びを持って、やる気を持って、取り組めるようにする環境を作ること。

さっきの自分が手放せないということに対する、５番目の〝なぜ〟が、いまの話なわけですよ。なぜ、なぜ、なぜ……と、ずーっとやってきたわけだけれども、５番目はそれなわけ。どうしたらそれができるでしょうかということは、今ここで答えを出さないで、宿題にしましょう。というのはそれがこのセミナーの中心課題だからね。そんな簡単にいってしまったら面白くない。それを皆さん学びに来ているわけですよ。それは、これから各自につかんでいただく、ということでどうですか、横田さん」

横田「いいですね」

冗長な議論に、長々とお付き合いいただいた。塾生たちは真剣に、より深い要因に切り込もうとするのだが、なかなかうまくいかない様子がおわかりいただけたと思う。塾生たちの悩みや迷いと一緒に、読者も悩んでいただけたら幸いだ。

指示命令をなくして従業員が自主的に動く、という「人間性経営学」（表1・11ページ）は一見すると簡単そうに見えるのだが、実行は容易ではない。部下に仕事をまかせることが、これほど大変だとは誰も思わなかっただろう。

まかせようとすると、どうしても不安が頭をもたげてくる。それは失敗するのではないか、という不安や、自分の居場所がなくなるのではないか、といった不安だ。

不安に耐えきれないと、ついつい手が出て口が出る。あるいは、手や口を出すことをなんとか抑え込んだとしても、心の底に不安や「コントロール願望」を秘めたままでは、任せてもうまくいくものではない。

従業員が燃えて、夢中になって仕事に取り組む、というのは「人間性経営学」の目指す経営そのものだが、そういう状態が作れれば、まかせることに不安を感じなくなるだろう。

しかしながら、従業員がなぜ燃えるかというと、指示命令がなく仕事をまかせられているからだ。つまり、「なぜ、仕事を任せられないか？」ということに関して、なぜ、なぜ、と探求をしていくと無限の閉鎖ループに陥る。

「仕事を任せられない」―なぜ―「コントロール願望がある」―なぜ―「不安になるから」―なぜ―「失敗しそうだから」―なぜ―「従業員が燃えていないから」―なぜ―「従業員は仕事を任せてもらっていないから」

この閉鎖ループを断ち切ることは、理性や意志の力や、論理的なアプローチだけでは難しい。

深層心理学によると、私たちが感じる不安の大本は、誕生の時に子宮を追い出された、という「バーストラウマ（誕生による精神的外傷）」に起因するという。したがって、「まかせようとすると、不安になるのはなぜだろう?」と、なぜ、なぜ、を繰り返していくと、最終的には「誕生の時に母親と別離したから」ということになってしまう。

もちろんそれは、とても専門的なので、一般の人が集まってブレストしたら出てくるような話ではない。

「バーストラウマ」を癒す最大の方法論は「無条件の受容」だ。おじいちゃんに可愛がられ、「無条件の受容」を受けてきた横田さんが、仕事を部下に任せてもあまり不安を感じないのはそのためだ。

第2章で述べたように、幼少時に「無条件の受容」を体験していない人でも、大病をするとしばしば名経営者に変身する。それは、大病により「死」と直面するからだ。その他にも「親子の葛藤」を軽減するようなワーク、幼児期の辛い体験を癒す「インナーチャイルド・ワーク」などが有効だ。

第11章　時の流れは最強の武器

いま、世界中のほとんどの企業では、表1（11ページ）の左側に示した「合理主義経営学」が実行されている。軍隊式のピラミッド型の組織であり、上司は部下に指示命令を下し、部下はそれを忠実に実行する、というのが建て前だ。

上司の主たる役割は「管理」であることから、「管理型経営」「管理型マネジメント」なども呼ばれている。

ところが横田さんは、「管理」と「経営」はまったく違う概念として定義しておられる。その定義に従うと、「管理型経営」という言葉は成立しない。

横田「管理と経営はどう違うか……たとえば自己管理ができている人……7時に起きて、歯を磨いて、顔を洗って、食事をして、7時30分に家を出る……毎日それがちゃんとできている人を自己管理ができている人っていうでしょう。決められたことが決められたように毎日ちゃんとできている。管理というのは、こうしたらいいということが、あらかじめわかっていて、そのとおり毎日同じようにきちんとできることです。

自分を経営できている人はどんな人かというと、たとえば、毎日7時に起きていた人が、明日から6時50分に起きよう。顔を洗って、歯を磨いて、屈伸、ストレッチの運動をしよう。食事のときに青汁1本飲むようにしよう、と変えた。これが自分の経営ができている人、セルフマネジメントができている人です。たんに、決められたルーチンをきちんと実行できるだけではなく、それをもっとよくしていこう、変えていこう、と果敢に挑戦するのが経営です」

つまり、管理というのは、「何がいい」かがあらかじめわかっている。上司からの指示のこともあるし、会社の方針や社会の常識のこともある。課せられた仕事が上から与えられているのだ。それが忠実に実行できれば管理ができているという。

それに対して、経営というのは価値観に基づき自ら考え、模索し、定め、それに沿って少しずつ、たゆまなく変わることをいう。そのとき、価値観がぐらぐらしていたら迷走してしまう。長い年月の試行錯誤に耐え得る、ゆるぎない価値観を樹立することが経営の第一歩だ。

価値観というのは、一人ひとり違う。違うのが健全だ。洗脳されて同じ価値観を持たされるというのは、いわば新興宗教的であり、きわめて不健全だ。

「合理主義経営学」というのは、価値観が共有されていない集団を、指示命令により強制的にひとつの方向に走らせるための方法論だ。

ネッツトヨタ南国では洗脳で価値観を揃えることはない。指示命令で強制的に皆を同じ方向に走らせることもしない。そのかわりに、入社の選別条件に価値観を重視している（第4章）。つまり、細かいところではそれぞれ違う価値観を持っているとしても、大まかな方向性、ベクトルはあらかじめ合っている人だけが入社してくるのだ。

入社してからベクトルを強制的に合わせようとすると、洗脳までいかなくても従業員の自主性が損なわれる。

あらかじめベクトルがほぼ合っていれば、各自が自らの価値観で考え、模索し、定めていくことが許される。従業員は、上から降ってくる価値観に自らを合わせるのではなく、一人ひとりが内なる価値観に基づいて「経営」をすることが可能になる。

ネッツトヨタ南国では、従業員全員が「経営者」になることを求められている。

一般の経営学（合理主義経営学）では、目標を明確に数値化することを教えている。売り上げとか利益とかシェアといった、測定可能な数値を掲げ、それに向かって全従業員を駆りたてるのだ。数値化しているので、進捗状況が常に把握でき、また目標が達成できたかどうかもすぐわかる。これは、従業員に「管理」を強いることになる。また、すでに述べた「問題対処」をしているにすぎない。

横田「ほとんどの企業は、〝問題対処〟しかやっていないですね。それが経営だと思い込んでいる。私は、それを経営とはいいません……。たしかに見えている問題に対処をすれば、短期間にいい結果が得られます。でも、必ずツケが残ります。長い目で見れば、非常に効率の悪いことになってしまう。表面からは見えない問題を発掘、発見して、それを丁寧に改善していけば、つまり〝問題解決〟を目指せば、すぐには結果が出ませんけど、将来的に必ずいい結果が出てくるんですね……」

横田さんの定義では、「問題対処」をしている間は、まだ「経営」の仲間に入れてもらえない。彼のいう「経営」は、短期的な結果を求めるのではなく、ある方向性に沿って、長期にわたって、少しずつ、たゆまなく歩み続けることをいう。そのときの方向性、ベクトルのことを「目的」と呼んでいる。

「目的」は、表面的には見えない価値観、方向性、理念、志などであり、数値化不可能であり、したがって測定もできず、達成する、到達するということもない。ただひたすら、時間をかけてその方向を追求する、ということだ。

企業経営でいうなら、CS（顧客満足度）、ES（従業員満足度）、顧客や従業員の感動や幸せ、従業員の人間的な成長などだ。個人なら、自らの成長、人間力、周囲からの信頼、社会や人々への貢献などだ。これらの項目は理念的であり、「問題解決」に対応している。

それに対して「目標」というのは、目の前に見えている現象、事実が前提であり、量を求め、数値化が可能であり、したがって達成することができる。ほとんどの場合、短期的な話だ。

企業経営でいうならば、売り上げ、利益、シェア、規模などに相当する。個人なら、営業成績、給与、地位、名誉などだ。これらは即物的であり、「問題対処」に対応している。

横田「会社をはじめてすぐに、企業存在の〝目的〟を〝従業員の幸せを追求すること〟と定めました。それがすべての出発点です。社員が幸せになるためには、お客様から感謝されて、やりがいを感じながら働けるようにしないといけない。だから、お客様満足度を追求する。お客様から感謝の声が聞こえてきて、自分が誰かの役に立っているということが実感できるから自分自身のやりがいが高まって幸せになれるというのがメカニズムです。ところが、それを下手にやると儲からないし、規模も大きくならないわけです。上手にやるにはどうしたらいいかということを考えている人はあんまりいないですね。面倒くさいみたいです。だから、下手にもようやらんし、上手にもようやらんから、結果的に売り上げや利益だけを追いかけてしまう。

でも、社員が満足して、お客様が満足している会社は、それを広めていくというのが使命でしょう。小さな会社のまんまでそれをやったって社会に対する存在意義というのは薄いですよ。10人の人を幸せにするより、100人の人を幸せにする。満足させる。100人より1000人というふうに考えるべきであって、だから、売り上げを上げて、規模を拡大しないといけないのは後からついてくるという話です。

でも、一生懸命売り上げを上げて、利益を出して、会社の規模を大きくしよう、大きくしようと思っている人に、あなた、何でそんなに頑張っているんですかと聞いたら、〝私は幸せな社員を増やしたいんですよ。私たちがサービスを提供するお客さんの数を増やしたいんですよ。なぜかというと、私たちのサービスは同業他社よりずっといいですからね〟と答える人はいませんよ。聞いたことがない。不思議ですね。何で売り上げを上げたいのか、利益を出したいのか、会社を大きくしたいのか、正しい理由を持っている人がいない」

天外「……というか、一般的傾向として、ほとんどの人がシャドーが強くて、それが戦いのエネルギーになって、戦いの対象を求めているんだよね、人生として……」
横田「人生?」
天外「人生が戦いだから、戦いの対象を求めている。戦いの対象に、売り上げ、利益、規模が来るわけ」
横田「けれども、私も戦っていますけど、やんわりと……」
天外「それがね、シャドーが少し減ってきて、意識が成長すると、むやみに戦わなくても生きていけるようになります。シャドーが強いと、戦っていないと生きていけないんです。だから、尖閣なんていうとワアッと中国やっつけろという具合に、みんな戦う対象が出てくると元気になる……。シャドーがすごく強い間は何とか戦いの対象をいっぱい持ってきて、それに向かって戦っていないと安定して生きていけないんです。そうやって戦っているか、戦いの対象を失って落ち込んじゃうか、どっちかなわけ。だから、戦わないで、そこそこ存在することができません。僕はアメリカの、いわゆるＩＴ長者をいっぱい知っていますが、会社を売っ払って何十億か懐にすると多くの人がおかしくなるのを見てきました。燃え尽き症候群ね。戦いの対象を失っちゃうと生きていけないというのはよくわかりましたけれどね」
横田「なるほど……私は……だから戦ってない？」
天外「そう、戦ってないんですよ」
横田「面白がっているだけかな……」
天外「かなりシャドーのモンスターが減っていますね。だから、モンスターの強い人は横田さんの真似はできません。彼らには戦わせるよりしようがないわけ……」
塾生「よく経営計画とか、経営していく上で、ライバルを見つけなさいとか、そんなことをいろいろいわれますけど、そんなの、あまりせんほうがいいんですか？」
天外「いやいや、せんほうがいいとか、したほうがいいとかいうのは、それは一般論で語ることはできません。というのは、みんなシャドーのモンスターを抱えているから、そういうネガティブなエネルギーを経営に使うというのはひとつの立派な手法としてあるわけです。僕らも若いころに新しいプロジェクトをやるときに、〝これはパナソニックもやっているぞ〟といって、みんなのそういう競争心というか、負のエネルギーを掻き立てるわけですよ。これはとても効果があります。経営手法としてはとても有効……。でも、だんだん僕もそれがそういうネガティブなエネルギーを掻き立てる方法論から、フローのほうに移っていった。フローというのは、シャドーが弱くても燃えていけるわけですよ。どれがいい、これが悪いという話じゃなくて、そういう人間の特質をどう使っていくか。シャドーがとても強くて、ネガティブなエネルギーむき出しで戦っている人を、いきなりフローに持ってこようと思ってもなかなか難しい……。おそらくネッツトヨタ南国には、そういう人は入社してこないでしょう。やはり、フローには変容が必要。そういう人間の意識の成長段階に応じて、それぞれやり方が変わってきます。だから、ライバルを見つけるというのは、今の世の中だとごく普通で、とても有効なやり方ですね」

塾生「シャドーというのは影？」
天外「シャドーはユング心理学の言葉で〝影〟です」

横田「世の中では、バブルがはじけて売り上げ、利益が上がらなくなってきたときに、売り上げ、利益を上げるためには顧客満足が必要だ、といわれだしました。そして、顧客満足をやっているうちに、社員も満足していないとお客様を満足させることができない、ということがわかってきた……。でも、これはぜんぶ順番が逆です。売り上げのための顧客満足、顧客満足のための従業員満足などと、さもしいことをやっても、うまくいく訳がない。

企業は何のために存在するのかというと、〝社員を幸せにするため〟です。社長もやっぱり何で会社を興したかというと、自分が幸せになりたいからですよね。そしたら、自分の次に身近にいる社員を幸せにしないと辻褄が合わない……。社員を不幸せにして、社員を道具にして自分が幸せになるというのは、誰が見ても明らかに間違っています……」

塾生「でも、過去にはそういう経営者が多かったので、労働者は搾取されていると感じて、共産主義が出てきた……」

横田「その通りですね。いまでもそういう経営者は少しはいるでしょう。でも、いまの世の中、もうそれは通用しない。じきに破綻します。だからといって理念的なことばかり追求していたら、企業はやはり潰れます。理念を追求するためには、ちゃんと売り上げが上がり、利益が出ていなくてはいけない。どこが悪いか見極めて、しっかり目標を達成することも無視できません。問題は優先順位なのです。目的というのは〝質〟を追求するもの。目標は〝量〟を達成するもの。目的と目標はちょっとニュアンスが違います。追求と達成もニュアンスが違います。追求は方角ですから、到達しません。達成は距離ですから、その都度到達したり、到達しなかったりします。どうしても我々は〝量〟が気になってしまいますよね。なぜかというと、すぐ見えるから……数字になるからです。〝質〟は数字になりにくいし、見えにくい……見えにくいものを〝見える化〟していくというのが、よい経営を目指す上で大事なことだと思います。社員満足、社員の幸せ、お客様の幸せ、社会貢献、こういうものは目的であって、その方角ですね。目標は、ここからここまでいくよ、次はここまでよ、という距離。目的が明確ではない、要するに経営理念が浸透していない会社は、目標だけを一生懸命追いかけてしまうので、あっちに行ったり、こっちに行ったり、方角が定まっていないから右往左往する。いい結果が出ない、社員が疲弊してしまう……。

目的というのは経営理念なんですよ。社員に対して〝どんな会社にしたい?〟というふうに聞くと、目的レベルの話が多く返ってくると思います。〝どんな〟というと、質を聞いているというふうに相手は受け止めますから、目的レベルのことが多くなります。給料の高い会社、休みの多い会社というのは少ないんです。彼らは潜在的にそういうことを知っているんです。よい会社というのはこんな会社と。だからみんなに意見を聞いて、それで経営理念を作れば浸透させる必要がない。最初からこれだよねということでいけばいいですね」

ここで横田さんはある物理学者がいった言葉をスクリーンに出した。

「人間は逆境では優れているが、安全と富を得るとみじめな目的を失った生き物となりがちである」（デニス・ガボール）

横田「逆境は、ときに人が目的に目覚めるきっかけになりますね。東日本大震災に遭遇してしまって、身内の方が亡くなったり、家がなくなったり、今まであったものを全部失ってしまったりしたときに、もう金も地位も名誉も関係ない、人間にとって最も本質的な、生きている喜びとか、幸せとか、そういうことを考えるようになります。目的意識がかなり高まります。その周りの被害に遭わなかった人たちも目的意識を持つようになってきた。少し日本も変わってきましたね……」

東日本大震災の直後に、女子サッカーのワールドカップがあり、なでしこジャパンが優勝した。彼女たちはなぜ強かったのか。なぜ優勝できたのか。優勝するというのは目標、試合に勝つというのも目標、でも彼女たちは目標だけではなく、非常に強い目的意識があった。だから強かった。

「私たちが思い切りプレーをすることにより、大災害にあった東日本の人たちを元気にしたい」（なでしこジャパン）

野球選手のイチローは、いろいろな場面で目標よりも目的が大事だ、という発言をしている。いまはマリナーズを離れてNYヤンキースに移っているが、マリナーズが非常に弱く成績が悪かった年に次のようなコメントをしている。

「今シーズンここまで来て思うのは、プロとして勝つことだけが目標ではいけないということ。これだけ負けたチームにいながら、最終的にこんな素晴らしい環境の中で野球をやれているということは、勝つことだけが目標の選手だったら不可能だったと思うんですね。プロとして何を見せなくてはいけないのか、自分自身が何をしたいか、という目的を忘れずにやらなくてはいけないということを、自分自身が自分自身に教えてくれたような、そんな気がしています」（イチロー）

さらに横田さんは、何人かの有名人の発言を紹介された。

アインシュタイン「人間にとって最も大切なことは、自分の行動の中に道徳を追求していくことです」

サン・テグジュペリ「心で見ないと物事はよく見えない。本当に大切なことは目に見えないんだよ」

ヘレン・ケラー「この世で一番あわれな人は、目は見えていても、未来への夢が見えていない人です」

二宮尊徳「大事をなさんと欲すれば、小なる事を怠らず勉べし」

イチロー「小さなことを積み重ねることが、とんでもない所に行くただひとつの道」

マハトマ・ガンジー「佳きことはカタツムリの速度で動く」

横田「〝佳きことはカタツムリの速度で動く〟ということは、よい結果を性急に期待してはいけない、ということと、もうひとつは片時も止まってはいけないという話です。カタツムリの速度で少しずつ、少しずつ同じ方向に動いていく……。目的に向かってね。少しでも動いているということは、昨日と違う今日、1ヵ月前と今日は違う。半年前と今日は違う。これの連続ということがとても大事……。

カタツムリの速度で変わり続けるのが進化。小さいことを積み重ねたら、とんでもなく高いところに行けるんですね。あるとき、ふと間違いに気がついて大改革をするというのは、機会損失がある……もったいないです。

私の会社でも起こったのですが、私が担当しているもう一つの会社でリーマンショックの後でいきなり赤字が出ましてね。2～3ヵ月続けてということで、年間通じてじゃなかったんですけど、いきなり赤字……。で、経費の節減やら、何やらかんやらたくさんのことをやって、完全に元に戻ったんです、黒字が出るように。ふとそのとき思ったんですよね。あれ、ここ2～3ヵ月やったことを、1年以上前にやっていたらどうなっていたかなって。もっと儲かる会社だったはずだというふうに思った……つい最近です。それだけ、やはりやるべきことができていないというふうに考えるのが正常なんでしょうね」

塾生「だいたい経営者は、しょっちゅう、改革、改革といっていますね。私もそうだけど……」

横田「世の中はすぐいい結果が出る手っ取り早い方法というのが横行していて、みんなそれに飛び付きますね。セミナーなんかも、こうすればたちまち売り上げ3倍とか、これだけ短い期間で株式上場とか、そういうのが結構もてはやされるじゃないですか。私のところみたいに、〝よい会社を30年かけて作りましょう〟というセミナーをやったら多分誰も来ない（笑）。

でも、短時間にできることは〝目標〟レベルですから、他社もすぐできるんですね。本当の競争力にならない。逆に、時間をかけて、ある〝目的〟に沿って何か作り上げていったら他社の追随を許さない……それが本当の意味での企業の優劣を決めます。企業の競争力というのは、ひとつには〝人〟に尽きるわけで、もうひとつは時間……〝時の流れは最強の武器〟じゃないか、ということを感じるようになりました」

時間をかけて、少しずつ良くしていく。長い年月の間に、それは超えられないほどの大きな差になってくる。当たり前の話だが、なかなかできない。なぜできないかというと、長い年月のたゆみない努力に堪えられる、しっかりした方向性がないからだ。

その方向性のことを横田さんは「目的」と呼んだ。「目的」というのは、抽象的で理念的で、ある意味では哲学的だ。それをまず確立し、片時も休まずにその方向を追求する。何十年もたつと、他社の追随を許さぬ体質になっている。「時の流れを最強の武器に変えてしまう」これが、横田英毅経営学の真髄だ。

こういうやり方を、横田さんは「進化（Evolution）」という。進化の力は絶大だ。単細胞動物が、何十億年かたつと人間にまで進化してしまう。

それに対して、売り上げ、利益などの「目標」ばかりを追い求めて右往左往している企業は、単細胞動物のままで必死に努力しているようなものだ。他社も単細胞動物のままだったら、その努力は報われるが、脊椎動物に進化してしまった企業には勝てる訳がない。生物の進化だったら何十億年、企業の進化だったら何十年。これは、両方とも気が遠くなるような時間だ。ある意味では、横田さんがオーナー経営者だったからできた戦略かもしれない。

数年、長くても十年で交代してしまうサラリーマン経営者より、家業として代々経営していく中小企業の経営者のほうが、横田英毅経営学は合っている。

もちろん、経営者がどんどん替わる大企業でも、代々「目的」が伝承され、着々と進化するのが本来の姿であることはいうまでもない。

サラリーマン経営者の多くは、「革新（Innovation）」という言葉を声高に叫ぶ。中には、「革命（Revolution）」という人もいる。

革新というのは、突然ジャンプすることをいう。技術の世界では、革新がよく起きる。私自身が主導したCD（コンパクト・ディスク）の開発は、アナログ信号処理だったオーディオの世界をディジタル信号処理にジャンプさせた技術革新のひとつだ。

『マネジメント革命』（講談社）という本を書いた時に、「ダメ上司」の例をいくつかのパターンに分類したが、そのひとつに「改革かぶれマネジメント」をあげた。

これは、新しい支店長が赴任した時などによく起きる。「お前たち、なんて馬鹿なことをやってきたんだ」と、前任者のやり方をすべて否定し、自分独自のやり方を押し付けることをいう。

「改革かぶれマネジメント」の定義

仕事のやり方から目標設定まで、従来のやり方をすべて変えないと気がすまない。自分を改革のヒーローに位置づけ、酔う。そのためうまくいっていたシステムまで破壊してしまう。

この定義は1995年にソニーのマネジメントが変わり、来るべきネットワーク時代に備えるという大義名分のもとに、それまでソニーをユニークな会社に育て上げた「技術革新の精神」「物づくりの伝統」「フロー経営」などをすべて破壊してしまったという体験にもとづく。

「改革かぶれマネジメント」というのは、自分だけが物事がよくわかっており、従業員は皆バカだ、という発想だ。したがって、典型的な「賢者の演出」（第3章）であり、抑圧された劣等感がベースになっている。

もちろん、改革、革新がすべて悪い訳ではなく、優れた経営者がつぶれそうな会社に乗りこんで再生していく、という例も多い。優れた経営者というのは、抑圧された劣等感やシャドーのモンスターに支配されていない人だ。

ただ、改革、革新というのは、経営者が交代することが前提であり、同じ経営者が居座ったまま遂行しようとするのは無理がある。

第12章　「フロー」の偉力

横田「高知で、60年ぐらい歴史のある〝よさこい祭り〟というのがありまして、これは全国へ広がり、全国で２００ヵ所ぐらい似たような踊りがここ20～30年で広がっています。

このよさこい祭りというのは非常にハードなお祭りなので、若者しか参加しません。せいぜい45歳まで……。それを見た経営者が、日ごろやる気のない連中が何でこんなに一生懸命しんどいことをやるんだろうと不思議に思う……お酒の席で〝あいつらはようわからんわ〟という人がいたので、〝そうですね、うーん〟とかいって飲みながらずっと頭の中で考えていて、20分でまとめました。〝さっきのお話ですけどね〟と、その人に切り出したら、〝おまえ、いつまでも何考えてんだ〟といわれてしまった（笑）。なぜだろうと口には出すんだけど、なぜか本当に考える人はあまりいない……」

ここで横田さんは、ネッツトヨタ南国のチームがよさこい祭りに参加した、一部始終のドキュメンタリー映像を上映した。

横田「これね、全部手づくりです。トラックのデコレーションも、あの上の巨大な黄色い像も、踊り子の衣装も、踊りの振り付けもそう……音楽だって全部作曲して演奏しています。前の年とはまったく違う出し物、というのが約束。だから去年使ったものは一切使いません」

塾生「大変な手間をかけていますね……」

横田「そう……。製作もそうだし。踊りの練習もね……並の努力ではない。だから最後に皆泣いているのですよ。やり遂げた達成感ですかね……。このプロジェクトをやると、参加メンバーは一皮むけます。人間として、一回り大きくなったような感じ」

天外「こういうプロジェクトは、とても〝フロー〟に入りやすいですよね。何の利得もないからね……やる人の〝内発的動機〟だけ

が推進力……」

心理学者のチクセントミハイ博士の「フロー理論」によれば（第2章参照）、人はお金・名誉・地位といった外側から与えられる何か（これを「外発的動機」という）を求めて行動しているときには、「フロー」には入れない。つまり、「目標」をかかげて従業員を引っ張っていく通常の経営手法は「フロー」には縁がない。

逆に「フロー」に入る時は、それをやったからといって何の得にもならないけど、心の底から出てくる「やりたい」という感覚、あるいはワクワク感（これを「内発的動機」という）が推進力になっている。

夢中になって「よさこい祭り」に取り組んでいる若者などは、すべて「内発的動機」を推進力にしているので「フロー」に入りやすい。

天外「みんな乗っているよね。踊りも衣装もすごい。振り付けはプロだね。僕もミュージシャンだけど、あれだけの音楽を作曲して演奏するというのは尋常じゃないよ。ものすごく高い目標を設定して、それに挑戦して達成していったのがよくわかるでしょう。

毎年違うことをやる、というので目標が高くなるのね。去年には負けたくない、もっと凄いことをやりたい、という意識が出てくる。去年と同じことをルーチン的にやっていたら、誰も〝フロー〟に入らないよ。

逆にいうと、〝フロー〟に入ると、どんどん目標が高くなる。普通ならとても無理だ、と思うような目標が、無理だとは思えなくなるんだね……。自分たちで無理難題を目標に掲げてそれを突破してしまう。同じ課題が上から降ってきたら、誰もやらないよ。〝そんなの無理です〟といって逃げちゃう」

「そんなの無理です」というのを、横田さんは「できない理由を探す」と表現する。探せばいくらでも理由は見つかるものだ。

高い目標を掲げ、それを達成することにより人が育ち、企業は業績が上がる。成果主義を導入し、自ら申告した目標に対する達成度で従業員を評価するようになると、私もソニーで経験したが、人はこぞって低い目標を提出して高い達成度の評価を得ようとする。当然企業の業績は急降下をする。

経営者が高い目標を掲げると、そこに集まる人は評価を期待する人ばかりになる。上からの評価というのは「外発的動機」なので、そのチームは「フロー」には入れず、奇跡は期待できないことが多い。したがって、経営者から下ろす目標はあまり高くなく、「フロー」に入らなくても達成できる範囲が無難だ。

まれには、上からの高い目標でも、それが適切ならチームメンバーが「フロー」に入ることがある。そのときは上司にある種のカリスマ性が要求されるし、メンバーは「できない理由を探さない人たち」であることが必須だ。

アップルの故スティーブ・ジョブズや、ソニーでプレイステーションをやった久夛良木《くたらぎ》健《けん》などがカリスマリーダーの好例だ。

しかしながら、もしまったくの自由が与えられていると、人々はプロジェクトが始まる前から「フロー」に入り、自分たちで、とんでもなく高い目標を設定し、それを達成してしまう。

それを一度体験したチームメンバーは全員、「できない理由を探さない」社員になる。たとえ遊びでもそれを経験すると、その人は大きく成長し、業務でもその力をいかんなく発揮するようになる。つまり、従業員のレベルが一段と上がるのだ。

天外「チームで〝フロー〟に入ることを、私は〝燃える集団〟と呼んでいます。乗ってくると、アイデアが泉のように湧いてきて、どんな難題にぶつかっても怯まずに突破していくようになる。普通ならとてもできないような高い目標にも果敢に挑戦して達成してしまう。皆スーパーマンに変身したかと思うよ……。プロジェクトのスタート前にフローに入ってしまうと、目標はどんどん高くなるね。もちろんその高い目標を達成してしまう。

この〝よさこい祭り〟も多分そんな感じ……。それを一旦体験した人は、何か事に臨んで、〝できない言い訳を探さない人〟に育ちます。フロー体験者が〝できない言い訳を探さなくなる〟のは、できちゃった体験を持っているから……。いくら〝できない言い訳を探すのをやめましょう〟ということを教育したって、人間は自動的に探すわけですよ。知識を与えても何の効果もない。ところが、不可能と思われるようなことができちゃった体験を持っている人は自然に探さなくなる。だからものすごく強力な社員が育つと思いますよ。どんな社員研修で、座学を何百時間やっても何千時間やってもできないようなことが、ああいうひとつのプロジェクトでさっと達成できる……これがフローの偉力です」

塾生「それは仕事に関係ないことでも同じですか」

天外「うん、関係ないほうがむしろフローに入りやすいよ」

横田「私はちょっとびっくりしたというか、感動したことがあります。お客様と一緒に楽しもうというイベントは、年に2回必ずずっとやっているんですが、普通連れて行くのは120〜130名です。あるとき、となりの香川県までお客様を連れて行って、うどんを打ってもらう、そういうのをやってみたらどうやろうかというアイデアをある新人の社員が言ったんです。そしたら、先輩は一瞬、それはちょっと難しいと。いろんな経験をしているから、みんなわかっているわけです。それはちょっと大ごとやと。どう想像してもできんわけですよね。ところが、誰も〝それはちょっと難しいぞ〟と言わなかったんですよ。先輩はどう考えたかというと、このアイデアを何とかして実現させる方法はないかなと。新人のそういう前向きな発言を生かす方法はないやろうかとみんな考えたんですよ。

それで、それとなしに、参加人数60人で行こうという話を別から出してね。それだったらできるんです。お客さんを連れて行って、香川でうどんを打って、打ったうどんを食べるという一連の一日の過ごし方が一つのイベントとして完成したんですね。これは後で話を聞きました。なかなかすごいねと思いましたね。できない理由を考えない。そういう習慣が社内に定着したなと……」

塾生「やりたいことをやらせればいいんですか？」

横田「それはね、ただやりたいことをやらせているだけでは駄目やね。何か大事なところでグッと何か必要なものがある。言葉でうまく表現できないけど……」

塾生「感じてもらって、行動を起こしてもらってというときに、やっぱりそれは、自分の会社では経営的にちょっと無理があるんじゃないかと自分が判断したときに、いわゆる介入していくわけですよね。できるだけ介入をしないで、みんなが自主的に行動するようにしていくのがいいとは思いますが、でもやっぱり介入しないといけないようなときというのは横田さんでもありますか」

横田「そうですねえ。狙いをはっきりさせるときかな。〝何のためにやるんだったたっけねえ〟などと聞く。こっちの目的は社員を成長させるためにやってているわけですよ。だけど、彼らが自分を成長させるためにこれをやっているんだと思ったら、とたんにおかしいことになります。やっぱり彼らは彼らで、その集まってきた60人のお客様にいかに一日感動していただけるようなプログラムを作ることができるかということに集中する……。自分たちのことは二の次なんですよ。結果的に自分たちが成長するのであって。それは〝後輩を成長させるためにやるんですよね〟とかいう話になると、〝いや、ちょっとそれ違うやろ〟と介入するかもしれない。その辺が、だから……誰がどこでどういうふうに介入するのかが大切……。私が間違っていて注意されることもよくあります。さっきの映像で〝同僚が同僚に対して厳しいから、それが自分に対して厳しい〟といっていた女性がいましたよね。あの女性なんか私と席が近いんですけど、やっぱりピリピリしますよ、私が。正直いって怖い……（笑）」

天外「あ、軍曹だ」

横田「そう、そう。〝横田さん、それ駄目ですよ〟とかいわれる。素直に〝はい〟ですよ。逆らえない（笑）。あの子が私のことを〝戦略的に存在感を消している〟といったのですよ（第2章）」

天外「どういう介入をするかというのは多分一番難しいところで、社員を成長させるためというのがちょっとでも表に出ると台無しですよね。原理的にいえば、フローに入らないと意味ないわけですよね。フローに入ることによって成長するわけ、イベントというのはね。そのときに、これをやるのはあなたたちを成長させるためだよという一言が入ったら誰もフローに入らなくなっちゃう……。全部内発的動機に基づいて、どうしたらあの人たちが一日楽しんでくれるだろうというところだけに焦点が当たっていればフローに入れる。〝これをやって成長しよう〟などという意図が混入すると、外発的動機が頭をもたげてきて、フローを邪魔するね。そこの介入というのはものすごく難しくて、ものすごく微妙……。

僕なんか逆にいうと、もうどんなことがあっても介入しない。たとえそれが失敗しようが、うまくいこうが、介入しないという立場を貫いてきましたね。だから、何かやっているときに、これは実は仕事でもそうなんだけどね。仕事でも何か皆がワアッと走り出したときに、止めもしなければ、介入もしない。どんどん走らせちゃう……。でも、ほとんどうまくいきますね。自主的にみんなが走り出して失敗した例というのはほとんどない。逆に介入して失敗した例はあるけれど」

塾生「ひとつお聞きしていいですか。例えばこの場合、やはりこういう〝よさこい祭り〟をネッツトヨタ南国でやろうじゃないかという提案を例えば社長とか横田さんがおっしゃって、予算はこれだけ使っていいよと。仕事、勤務時間内にこういうことはやっていいよと。そういう提案の仕方をするんですか。どういうふうにそれをこちらから起動するかという質問です」

横田「こっちから提案すると、それはもう指示命令に近いですよね。だから、私は最初、自分がやりました。自分が先頭に立って、みんなを手伝わせたわけですね。ちょっと手伝ってくれる？　こんなことをやりたいから。それは例えばもっと仕事に近いところだと、これがそうですね（スライド上映）。新型車の発表会です。これ、赤い布をかぶせてあります。ここにテレビカメラがありますし、向こうにこの両側に立って、東京モーターショーでやっているのと同じようにナレーションを入れて、そういうことをやろうとしているわけですね。ここにいるでしょう。若かりし私」

天外「何年前だろう」

横田「今から25年ぐらい前ですね。こんな感じでやるんですよ。だんだん進化してきましてね。最初の4~5年は私が先頭に立ってやって、ほかの者に手伝わせているような格好ですが、次に、君らで全部やってという感じにいうと、そのときはまるで抵抗なしに、やりたくなっているわけですよ。これ、どうしてかというと、最初、両側に立ってナレーションをやる女性はちょっと嫌がったんですよ。ところがやった後で、またやりたくなったみたいでした。何か病みつきになりますね、とかいっていた……。マネジメントの関与を減らしていって、若い人の自主性に任せていくと、どんどんノリが良くなります」

塾生「横田さんのところでは、こういうイベントに参加したくない、という人はいないんですか」

横田「いますね」

塾生「それは、どうしてですか」

横田「まあ一言でいったら、楽しくないからだと思いますね。何で楽しくないかということをずっと突き詰めていくと、そういうことをすると片方で人間的に成長していく、成長の実感のある人たちが片方にいて、その人たちは楽しいんですよ。楽しくない人は、多分成長の実感がないという感じですかね。同じようにイベントやったら彼も成長するかもしれないけど、それは感じてない。だから楽しくないのかなと……」

天外「結局、ノリがいいか、ノリが悪いかという違いかな……。何でノリが悪いと思う？　その人たちは」

塾生「やっぱりそのこと自体に、楽しさとか面白さを見出せないんですかね」

天外「やっぱり成育歴だよ。どういう幼児体験をしてきているかで決まってきちゃうわけ、ほとんどの場合。誰でも、よっぽど変な人でない限り、3歳、5歳のときにはノリがいいわけですよ。ところが、あれは駄目、これは駄目と言って、そのノリのよさに蓋をされてきているわけよね、どっかで。でも、何かの拍子にその蓋が開くこともあるし、そういう蓋を開けるやり方というのもありますけどね。結局だから、フローに入る、フローに入れないというのは、蓋がギューッと固く閉まっている人はフローに入れないわけ、どうやっても。

天外塾でも、コンサルタントがいっぱい来る……コンサルタントってなぜか蓋をキュッキュッときつく閉めている人が多いね。毎回何人か来ているからずっと7年間観察してきているんだけれども、いままで新皮質的な管理型のコンサルタントをやってきた人は、ほとんど〝フロー〟に入れない。コンサルタント業務はお客さんとの戦いになっているのね、よくよく見ると。で、要するにお金をもらっているわけだから、お客さんとの戦いに勝って、自分のほうが上じゃないとお金がもらえないという、何かそういうのがあるように感じます。そうすると、ますますその蓋が閉まっていくわけ。

だから、コンサルタントで、僕のところに来るのはみんなフロー経営を教えたいと言って来るわけですよ。ところが、見ていると、塾生の中で一番蓋が閉まっているのがコンサルタント。〝あんたにはフロー経営の指導はできないよ〟といつもいっている。みんな大ショック（笑）。そういうときにどうするかというと、やっぱり瞑想で幼児体験に戻ってもらうとか、インナーチャイルド・ワークというんだけれども、小さいときに虐げられた自分を癒してあげるとか、そういうことをやると結構蓋が開いていく。

やっぱりノリの悪い人というのはどこかで蓋を閉められている……親とか先生とかね……大人たちが蓋を閉めちゃったという犠牲者ですよ。あるいはそうやってコンサルタントをやって、長年すごい勢いで稼いできた。稼げば稼ぐほど蓋がきつく閉まっていく（笑）」

横田「うちは、ノリの悪いのはきわめて少ないかな……」

天外「それは、入社の選抜で、落ちているんだろうね」

塾生「同業他社も、こういうイベントをやっていますか」

横田「まったく、やっていません。これ、よく聞かれるんですけど、随分お金をかけていろいろやっておられるけど、ああいうのをやったら車売れますかって」

塾生「売れるんじゃないですか」

横田「いやいや……まあ……大体売れないんです。買っていただける方は最初からああいうのをやらなくても買っていただく方……。やったから売れるということではない……。業界ではこのことはよく知られていて、だから同業他社は絶対にまねしない。〝なんて馬鹿なことをやっているんだ〟と冷ややかに見ている人もいるかもしれません。でもこれは目標を意識してやっているわけではないんですね。売るというのは目標でしょう。そうじゃなくて、目的があってやっているわけ……要するに人間力向上がその目的です。何よりも、ああいうことをやり続けていると〝できない理由を探さない習慣〟が身についてきますね。できない理由を探さない習慣が身についてくるとどうなるかということに関しては、渡部昇一先生が書かれた本の帯のところに出ていました。〝人生でいちばん大切なことは何か、一つあげよと問われたら、私は躊躇なく『できない理由を探すな』と言いたい。もしたったこれだけのことでも1ヵ月、1年と続けたら、あなたの人生に必ずや〝奇跡〟が起こるであろう。〟奇跡のようなことが起こる……できない理由を探さなかったら。

〝フロー〟になるというのは究極の問題解決ですよね。一番奥のところの事柄で、見えないところに潜んでいる問題を発見して、それを解決してやろうと思ったら、働く人に〝フロー状態〟を体験させるというのがどうも大事なことらしくて、私は〝こんなことをやったら社員が育つなというぐらいの感じで見ていましたけど、天外さんのお話を聞いていて、だんだんその辺がつながってきたんですね」

天外「〝フロー〟に入っていれば、うつ病になることはまずないですね。だからどんなに忙しくても、徹夜が続いていても、絶対に誰も倒れないよ。僕はプロジェクトをやっていたとき、みんなそれこそ3ヵ月会社に泊まり込みとか、そういうのをしょっちゅうやっていたけれども、一人も倒れたことはない。皆仕事をやりたくてしょうがない状態……。だから、要するにうつ病対策に、労働時間を短縮しましょうとか、そんなのは嘘で、そうじゃなくて、嫌々やるからみんなおかしくなるわけ……ノッているときというのはどんなに寝ないで仕事をしたって誰も倒れない……」

横田「もっと仕事に近いところでフローになったことがありました。今から十数年前に市内で大洪水がありました。台風ではなかったんですが、ちょっと雨が多く降りすぎて、大洪水で、何千台もの車が水没したんです。そのとき、朝会社に行くと、社員が……なんちゅうかね……今まで見たことがないような動きで、次から次へ仕事をしているんですよ。やるべきこと、電話したり、積載車を持ってお客さんのところに走ったり、どんどん車を引き揚げてきて整備したり、内装を全部水洗いしたりとか、そういうのを誰も指揮していないのにやるんですね。アリが歩いていると、時々頭をポンポンと突き合わせて情報交換しているような景色がありますけど、ああいう感じで、パッと話して、パッとすれ違って。誰かが何かをやり始めて、ボードに何か貼ったり、そういう連絡事項をあちこちに貼りながら仕事をしたりとか、そういうすごいエンパワーというか、目で見てわかるエンパワーの状態というのが来ましてね。今思い起こしてみると、あれは〝フロー〟だね。それはどこから来ているかというと、多分使命感ですね。何をしないといけないか。これしかないというようなことをものすごく強く感じて、火がついたように全員が行動を起こしたときがありました。

同業他社が次の日のお昼ごろ対策会議というのをやっていましたけど、幹部社員が。みんなで、今ごろ対策会議やっているらしいよと大笑いしたほどでした」

天外「ああ……。その時点で、もう社内に〝フロー体験者〟が大勢いた、という感じですね。いろいろなイベントをやった成果が出ている。こういうイベントは、従業員の人間力が上がるように、という意図を持ってやられたのですか」

横田「最初の動機は、社員一人ひとりの人間力を高めてやろうという気持ちは薄かったです……ほんの少しはありましたけど……。自動車販売会社というのは不人気業種。男子四大生を一番採用したいんですが、人気ランキングのワースト3ぐらいなんですね。三十何位ぐらいです。そんな中で、何とかして彼らにこちらを向かせないといかんですね。

採用の第一線でどういうことが行われているかというと、リクルートのような会社が学生の名簿を持っていまして、いつ、どこかのホテルでそういうセミナーをやるから来なさいというようなことで学生を集めるわけですね。高知あたりだったら１００名ないし２００名の学生を集めますよね。それに企業が参画するわけです。１社が30万出して、10社ぐらい出てくるというような、そういう感じですね。

そうすると、順番にその10社が前で約５分ないし10分のプレゼンテーションをするわけですよ。そのときに採用担当者が来てスピーチするときもあれば、社長が来てスピーチするときもあります。私は社長の時代はずっと自分がスピーチしていました。スピーチだけではパンチがないので、映像も見せようと。昔はパソコンがなかったですから、スライドの機械を２台置きまして、こちらの映像を映しているときは、こちら側はフィルムの入れ替えをやっているんですよ、自動的に。そういう非常にややこしい機械ですけど、全部ホテルへ持ち込んで、プレゼンをやりました。そのとき、自動車ディーラーというても、ただ朝から晩まで車を売れ売れといっているわけじゃないよということを見せたいわけでしょう。口でいっても伝わらんですから、見せたい。見せるためには社員が何か楽しそうにお祭りのようなことをしている、そういう映像がいっぱい欲しいわけですよ。欲しいので、そういう映像を手に入れるためにはそういうお祭りをせんといかんですね。私、カメラマンを兼務していましたから、最初の10年間で私が写した写真は、デジカメじゃない時代ですからね。5万枚以上写しましたね。社員が働いている姿をずっと撮りまくったわけですね。イベントのときはまたずっと撮るわけです。社員旅行でも私がカメラマンですね。そんなことをやっているうちに、これ、何か社員がいきいきとするね。こう思い始めたんですね。同時に、私がいい過ぎると、アイデアを出し過ぎると、彼らはあまりいきいきしないね。いいことをいっても全然駄目。いいことでも、間違ったことでも、私がいったこと自体が問題だということにだんだん気がついてきましてね。それで、少しずつやりたいようにやらせるようにしていったんです……」

企業経営に「フロー」が大切だ、ということがいわれるようになったのは比較的最近だ。おそらく私も最初の提唱者のひとりだろう。ただ「フロー」という言葉を知らなくても、多くの経営者はその状態を大切にしてきた。創業期のソニーで見られたように、実務上は決して新しい話ではない。

ただ従来は、「フロー」を実体験した卓越した経営者の暗黙知として経営の現場で実践されていた。実践している本人も意識していないため、「フロー経営」のポイントが語られることはなく、継承は難しい。ソニーのように、経営者の代が替わり、「フロー」を体験していない人が実権を握ると、「改革」の旗印のもとに「フロー経営」が破壊されることもある。

横田さんも、幼児期に祖父から「無条件の受容」を受けていたことにより、「バーストラウマ」が少なく、ごく自然に「まかせる経営」が実行できていた（第2章、第3章、第6章、第9章）。

従業員が、上からの指示ではなく自ら考えて動くという企業文化は、「内発的動機」にもとづいて行動できる素地が整っているので「フロー」に入りやすい。

それに加えてネッツトヨタ南国では、社員がいろいろなプロジェクトに自主的に取り組んで「フロー」に入り、大きく育っていくという方法論が定着している。これに関しては横田さんは、「瓢簞から駒」といっておられる。意図して、社員を育てるためというよりは、動機は少しヨコシマだったかも……ということだ。

前記の発言のように、リクルート活動で学生に映像を見せたい、というのが最初の動機だったようだ。そこでまず、東京モーターショーのような派手な新車発表会を自分で企画した。ご本人もいっておられるように、それを少しずつ社員におろしていった。よさこい祭りも同じだ。

任せられると、俄然社員たちは燃え始め、人間として育つことを体験した。そうこうするうちに、拙著の『マネジメント革命』に出会い、それがチクセントミハイの「フロー理論」で裏づけられることを知った。

前記の洪水のときの社員の対応は、たっぷり「フロー経験」を積んでいる人が多いことを物語っている。

上から何も指示が出なくとも、危機的状況で社員が適切な動きができる……これが「フロー経営」の真髄だ。

第13章　モダン・タイムス

「横田英毅経営学」を一言でいえば、従業員の「人間性」を尊重した経営だ。人間はロボットではないので、指示・命令で動かされ、いわれた通りに仕事をやっていたら、たとえ結果が良くても「やる気」は起きない。

自ら何をやればいいかを考え、どうやるかを工夫し、知恵を出し、能力を最大限に発揮し、よくても悪くてもその結果をちゃんと受け止められる時、人は「やりがい」を感じるものだ。そういうやり方を実行していけば、人はどんどん成長し、本人もそれを実感できるからさらに「やりがい」が増す。

そういう経営は、従業員がその瞬間に能力を発揮するだけでなく、大きく成長するので、長い目で見たらロボットのように指示・命令で人を使っている企業に比べてはるかに強力な体質になっていく。自分で裁量できれば、「内発的動機」に接地しやすくなるので、「フロー」に入る確率が上がるだろう。

これは横田さんだけでなく、山田昭男さんや井深大さんなど、多くの実例がある。にもかかわらず、従来の経営学からはちょっと異端と見られていた。私は、「人間性」を尊重する経営を大雑把にくくって体系化し「人間性経営学」と呼んでいる。

一方、従来の経営学は、私が「合理主義経営学」(表1・11ページ)と呼んでいるように、本人の内側から湧きあがる「やる気」よりも、客観的に見て、合理的な判断を重視する。ジャック・ウェルチが「ダメ社員」を毎年10%切って、従業員の質を向上させようとした(第7章)、などがその典型だ。

「合理主義経営学」のルーツは、約100年前に製造現場に「科学的工程管理」が導入されたことに遡る。フレデリック・ウィンズロー・テイラー(1856-1915)などが、製造の効率化を科学的に分析し、追求していったのだ。

製品を、互換性のある汎用部品から組み立てること、作業工程を詳細に分析し、一人ひとりの作業員の受け持つ工程をなるべく単純にすることなどにより、生産の効率は見違えるように上がっていった。それ以前の製造は、まるで芸術作品を作るように、一品一品丁寧に、現場に合わせて組み立てていたので、これは画期的な進歩だった。

テイラーの方法論は、T型フォードなどの生産に応用された。そして、ベルトコンベアに乗って流れて来る半完成品を、ずらりと並んだ作業員が少しずつ組み立てていく「ライン生産方式」が確立していった。いわゆる、大量生産の時代が始まったのだ。

産業革命はイギリスから始まったのだが、アメリカの産業が急速に立ち上がってイギリスを追い抜いていった背景には、この「科学的生産方式」の発明があったのだ。

工程分析は作業者より賢いと信じられている管理者が行い、詳細な作業標準が作成され、作業者は少しでもそれを逸脱することは許されない。作業者の能力はまったく期待されておらず、誰でもできる単純な機械的な作業しか割り当てられない。作業はマイペースではなく、ベルトコンベアのスピードに支配されている。

人は作業に習熟していくので、経験則（Learning Curve）に基づいてベルトコンベアのスピードはだんだん速くなる。大勢の作業員がいるので、一人でも落ちこぼれることは許されない。

これは、生産効率は極限まで上がるが、作業員にとってかなり負担の大きいやり方だ。

その後テイラーの思想は、製造現場にとどまらず、企業のオペレーションのあらゆる細部に浸透していった。経理処理、人事管理、購買、生産管理、販売管理など、あらゆる作業は科学的に分析され「効率向上」のための、ありとあらゆる方策が導入された。

その後、ドラッカーのように多少は人間性にも配慮した経営学も現れたが、今日の企業経営は、テイラーの方法論を極限まで推し進めて実行している、といってもいいだろう。ＩＴ技術の進歩が、それをさらに促進した。

あるいは、その「効率向上」がそろそろ極限に近づいたのかもしれない。近年多くの企業で、うつ病の罹病率が激増している。

よく考えてみれば、毎日機械的な単純作業ばかりを繰り返していたら、「やる気」も「働く喜び」も湧いてこない。それで、ベルトコンベアのスピードがどんどん上げられたら、たまったものではない。

横田さんは、よく「煉瓦工」の寓話を話される。ひとりの煉瓦工に「なにをしているのだね？」と聞いたら、「見たらわかるでしょう、あっしはいま煉瓦を積んでいるんでさあ」と答えた。今度は別の煉瓦工に同じように聞くと「いや、ここで働いて母ちゃんと子どもを食わせているんでさあ」という答えが返ってきた。３人目に聞くと「まだ土台部分だから、だんなにゃわからないだろうけど、あっしはいま教会を作っているんでさあ」と答えたという。

教会という「全体像、完成形、夢」が見えていれば、同じ単純作業でも「働く喜び」が出てくる、という話だ。そこに「人間性」に対するもっとも基本的な配慮がある。

ところが「合理主義経営学」には、「人間性」に対する配慮はほとんどなく、ひたすら「効率至上主義」のもとに合理的・論理的な施策が実行されている。

この煉瓦工のエピソードと同じような内容を、横田さんは実験してみた。会社の女性に美しい富士山の絵のジグソーパズルをやってもらったのだ。15分で仕上がった。

次に、それを真っ白に塗りつぶして、絵が見えないようにしてやってもらった。今度は55分かかった。

横田「いま、働いている人の多くは、この絵のないジグソーパズルを組み立てているような、そういう心理状態にかなり近いんじゃないかなと私は思うんです。絵のあるやつとないやつ、どこが違います？　絵のないパズルは考える余地がないです。ピースを持ってきて合うか合わないか試すだけ……。考えなくていいで

す。考えなくていい仕事はやりがいがない……なぜかというと仕事というよりは、単なる作業になってしまうから……。絵を完成させていく楽しみはなく、短時間でピースが何枚当てはまったか、という量だけを追うことになる。仕事と呼ぶためには、量だけではなくて、夢、成功イメージ、理念、目的意識、志とか、何かそういう質をあらわす言葉が伴います……それがジグソーパズルでいうと絵の部分です。経営理念が浸透している会社というのは、この絵が明確な会社。社員はみんなその絵を頭に描いている。会社でいうと、夢や成功イメージは経営理念。個人でいうと、こんな人間になりたいという自分自身の理想、あの先輩のこういうところは自分もできるようになりたい、あの先輩のここを見習おうとか、それがこの絵の部分に相当します。この絵は、社長が描いて見せるよりも、みんなに描かせたら、それはどんな絵なのかがよくわかりますよね。だから、経営理念は社員でも作れる。表面的な欲求、もっと給料をもらいたい、たくさん車を売りたい、昇進昇格したいなどは、量を追っているだけですね。パズルにたとえていえば、何枚はまったかというピースの数の話。全体の絵とは違います。ほとんどの企業では、売り上げ、利益といった量ばかり追いかけて、全体の絵をしっかりと描いていない。量ばかり追いかけていると社員が壊れます。それを、だいぶ前に『日経ビジネス』の特集でやっていましたね。

このときはまだ日本の産業は良かったのでしょうね。こんな記述があります。〝上場企業の今年度の業績は3期連続の最高益になる公算が大きい。その陰で、ビジネスの最前線では声にならない悲鳴が上がる。経営効率化、サービス向上、株主価値の拡大——。現場にかかるプレッシャーが働く人の肉体、精神を蝕む。社員の幸せなくして持続的成長は不可能だ〟とね……。ところで、この表紙の写真の歯車はどこから来ているかご存じです？……そう、チャーリー・チャップリンの『モダン・タイムス』……彼が監督、主演、脚本、作曲などを全部ひとりでやったという映画です。

彼の役どころは非常に貧しい工場労働者です。ベルトコンベアの上のプレートに2本のボルトナットがありまして、それを2本のスパナを同時に使って、朝から晩まで作業をしているんですね。全然考える余地はないです。何のためにこれをやっているのかという目的がない。これ、マンガ的なシチュエーションですが、多くの職場で人々はこれに似たような働き方をしていますね。あまり笑えないジョーク……。生産効率を上げなくてはいけないので、だんだんベルトコンベアのスピードが上がっていきます……。チャップリンは、ベルトコンベアのスピードについていけなくなって、ついにベルトコンベアの上にポコンと乗っかって機械の中にスーッと入っていきます……。班長があわてて機械を止めたので、途中で止まったんですね。そこでもボル

トナットの頭を反射的に締めている……機械に巻き込まれても義務を遂行しようとする……なんかちょっと泣けてくるジョークです。チャップリンはこの映画で何をいいたかったかというと、機械文明がだんだん発達してくると、生産性向上という目的のために人々が分業するようになる。分業をどんどん進めていくと作業が単純化されますから、考える余地がなくなりますね。何のためにそれを自分がやっているのかもよくわからない。そうすると、だんだん働く人がノイローゼになったりするんじゃないだろうか。働く人の幸せというのは一体何だろうかということですね。それは工場の単純労働をしている作業者の話なのですが、『日経ビジネス』の特集は、ホワイトカラーの人でも同じようになりかけている、といっています」

前述のように、いまの企業経営はテイラーの科学的工程管理の延長線上にあるから、すべてのオペレーションにおいて職務分析と分業化による効率改善がはかられている。この手法は、アメリカで発展したので日本よりアメリカのほうが進んでいる。

アメリカの企業で働いたことのある人だったら、それぞれの組織や個人に対する職務記述書（Job Description）がとてもよく整備されていることに気付いたと思う。逆にアメリカでマネジメントの地位に就いたら、配下の組織や部下の責任範囲と権限を明確にし、職務記述書がしっかり書けないと失格だ。

私自身もアメリカの学会で副会長になったことがある。渡された分厚いマニュアルを読むと、副会長の役割や職務権限、提案の仕方など、どう動いたら良いかまで詳細に記述されており、翌日からすぐに業務に入ることができた。

そのときは、これは日本よりはるかに進んだマネジメントスタイルだ、と感心したが、その後アメリカで何十人ものアメリカ人を使って技術開発プロジェクトを推進したら、欠点も明らかになってきた。要するに融通が利かないのだ。隣のチームがどんなに忙しくしていても、日本のように手伝おうとはしない。逆にアメリカでは、そこで手伝うと職務記述書違反で処罰の対象になる。忙しくしている人たちも、手伝ってもらうことを嫌がる。

このときはまだ、こういうアメリカ流の職務分担を極端に推し進めるやり方が、人々の「やる気」を削ぐ、ということにまで思いは至らなかったが、1990年代の半ばにアメリカ流の合理主義経営を導入した日本企業が軒並み傾いていったのを見て、それを思い知らされた。

横田さんは、30年以上前からそのことを見抜いていた。

さて、話を『日経ビジネス』の特集に戻そう。チャップリンが『モダン・タイムス』で描いたような職場環境で「やりがい」を失っていった従業員たちの悩みは、大体、表8

（表8）メンタルヘルス傾向の8つの不満

1．成長の実感がない

2．自分で考えて仕事をすることができない

3．あまり自由に意見がいえない

4．自分の努力が評価されない

5．職場の人間関係、上司関係がよくない

6．コミュニケーション不足、チームワークがない

7．部門間のセクショナリズムが強い

8．所属している組織を愛せない

（230ページ）の8項目に集約されると書いてある。

横田「この8項目は〝やりがい〟に関連していますね。〝やりがい〟が感じられないと、当てはまる項目数が増える。メンタルヘルスの問題を抱えているような人は6～7個当てはまる。アンケートを取ってみるとよくわかります。この8項目を書いた紙を配って、自分に当てはまる数、いくつありますかと聞く。無記名でただ○をつけてもらう訳です。皆さんの会社でもやってみてください。

例をお見せしましょう（図6・231ページ）。左がメンタルヘルスの問題を抱えているような会社、大企業での調査だと思います。うつになりやすい人の持っている価値観

【図6】

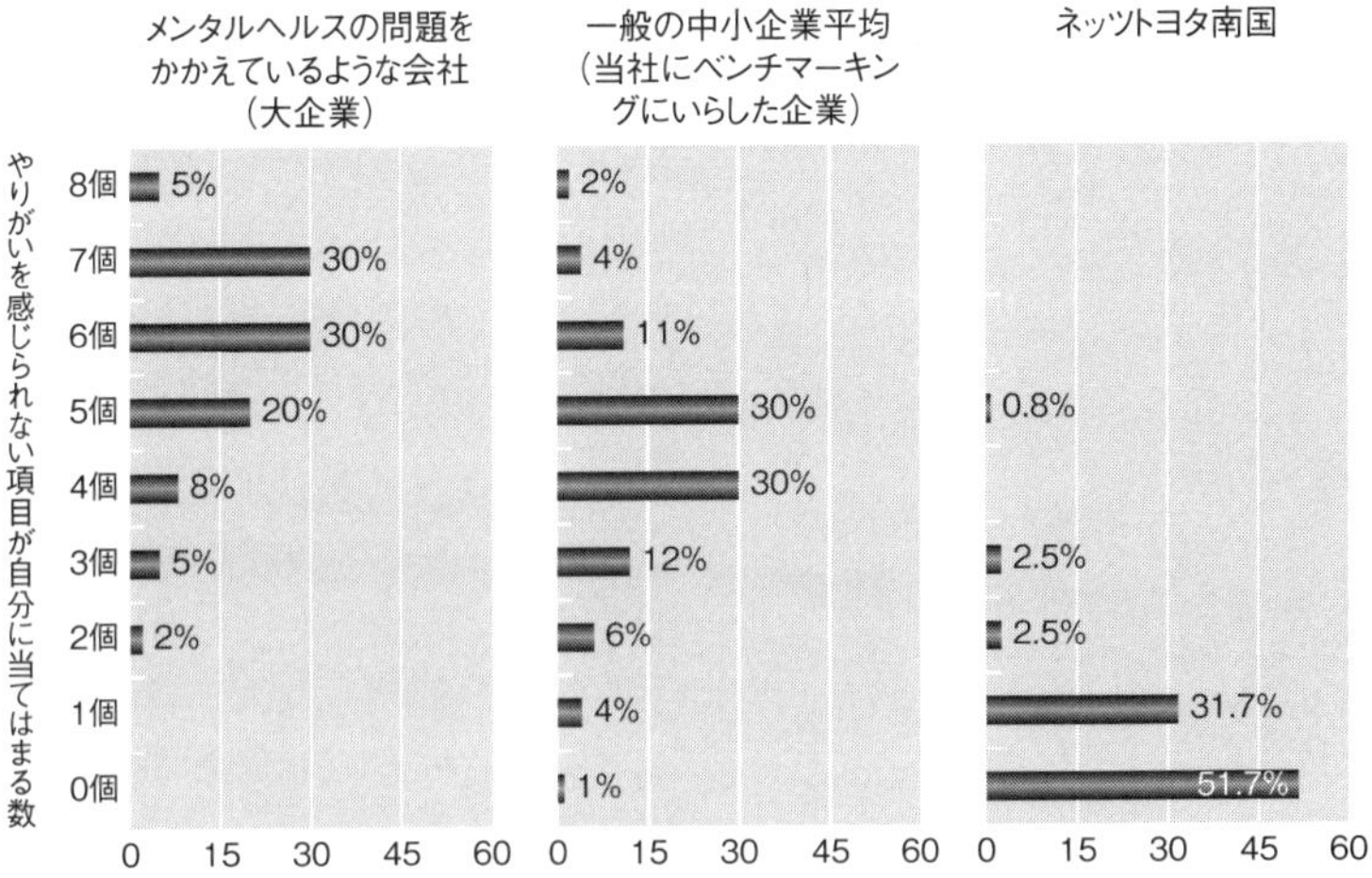

が大企業志向とか、安定志向とか、そういう大企業を選ぶ人が、要するに真面目なんです。真ん中が私の所に勉強に来ている中小企業の平均です。右がネッツトヨタ南国。2年ほど前の調査です。0と答えた人が全社員の半分。ここに1人5個というやつがいましてね。誰かわかりませんけどね……」

天外「すごい結果ですね。ネッツトヨタ南国の実力がよくわかります。このアンケートは会社の健康度調査になりますね。使えそうだな……」

いま天外塾では、塾生の会社の健康度調査のために必ずこのアンケートを実施している。ただ○をつけてもらって集計するだけなので、従業員も経営者もあまり負担はかからない。

アンケートを使って企業の生命力を上げていく手法に関しては、次の章で詳しく述べる。

さて、テイラーの「科学的工程管理」から始まった「合理主義経営学」が、企業のあらゆるオペレーションに入り込み、約100年が経過したと述べた。

ごく最近、その大本の製造の分野で異変が起きている。「科学的工程管理」のシンボルで、その最大の成果であるベルトコンベアによる生産ラインが消えつつあるのだ。いま日本の電機メーカーの製造現場では、ベルトコンベアの周りに大勢の作業員が群がっているという、ひと昔前まで当たり前だった光景はどこにも見られない。そして、他の産業にも少しずつ浸透している。

ベルトコンベアによる「ライン生産方式」に代わる新しい方法論は、「セル生産方式」と呼ばれ、ひとり、ないしは数人の作業員が寄ってたかって、ひとつの製品を最初から最後まで組み立て、多くの場合最終検査まで担当する。一見すると、テイラー以前の原初的な生産方式と同じように見えるのだが、その頃に比べれば部品の標準化や工程管理の技術がはるかに進んでいるので、逆にライン生産方式よりも効率が上がる。

「セル生産方式」は、生産コンサルタントの山田日登志氏が、無駄を徹底的に排し、多品種少量生産にフレキシブルに対応するため、トヨタ生産方式の「改善」「多能工」などをベースに進化させたものだ。１９９２年にソニーの美濃加茂工場を指導しているときに試行錯誤の末に考案され、導入が始まった。

横田さんが、その一部を営業に応用した「トヨタ生産方式」（第６章）が、「セル生産方式」では本来の製造現場で大きく発展し、進化したといえる。

私は当時ソニーの役員であり、「セル生産方式」の導入と発展をリアルタイムで観察する機会に恵まれた。私を含め、ほとんどの役員が「きわもの」と見ている中で、社長と担当副社長の主導で導入が進み、あれよあれよという間に各工場のベルトコンベアが消え、生産人員が減り、スペースが減り、しかも生産量は上がり続けた。その有効性は感動的ですらあった。

テイラー流の「ライン生産方式」が、作業員の能力を信頼せずに、誰にでもできる機械的な作業に落とし込んでいったのに対して、「セル生産方式」というのは作業員に対する徹底的な「信頼」に依存する。

――複雑な作業に習熟し、長時間にわたって間違いなく実行してくれるという信頼。

――部品の欠陥や、さまざまな製造上のトラブルに的確に対処してくれるという信頼。

——創意工夫を重ね、常に生産効率の向上に努力をしてくれるという信頼。
——プロセス全体を100%委ねても、ちゃんと自己管理してくれるという信頼。

作業者の立場からいうと、上からの干渉がなくすべてが自らのコントロール下にあるので、「やりがい」が出て来るだけでなく「フロー」にも入りやすくなる。

さらに、品質の良い製品を完成させるイメージが明確だということは、パズルでいえば完成された絵のイメージ、煉瓦工でいえば教会のイメージが明確なことに相当する。

テイラーの生産革命から始まった「合理主義経営学」は、まさにそのスタート地点の製造現場から「人間性経営学」に置き換わりつつある。

横田さんは、それを一挙に企業全体のオペレーションに拡張した、ということだろう。

第14章　社員の声を経営に活かす

いま、新卒の学生たちの早期退社が問題になっている。大雑把にいって、大卒は40％、高卒は50％、中卒は70％の人が最初に勤めた会社を3年以内に辞めている。入社の時には、給与や待遇など諸条件をしっかり検討したはずが、その条件が変わっていないにもかかわらず辞めていくのだ。

あるいは逆に、会社の規模や名声、待遇や給与などの諸条件が良いと、辞めたくても面子や世間体から辞められず、メンタルヘルスの問題に発展してしまうこともある。辞めることより、こちらのほうがより深刻かもしれない。

いずれにしても、人が企業でまともに働いていくために本当に重要なのは「内的満足度」であり、外的条件ではない。

横田「メンタルヘルスの問題を抱えている会社、最近多くなっていまして、もう100人中3人を超えたそうです。〝うつ100万人の時代〟、これ、新幹線の中で見た雑誌のタイトルです。うつの人がものすごく増え続けています。これはこれからも増え続けます。絶対減りません。減るようにしていませんから。一番このことに関心があるはずの労働基準局なんかは、働きすぎてうつになると思っていますから。だから残業させたらいかんとか、休みを増やせとかいい続けているでしょう。全然、見当違いですよ」

前章で、「メンタルヘルス傾向の8つの不満」（表8・230ページ）に関して、ネッツトヨタ南国でアンケート調査を行ったことが語られた。これは、従業員の「内的満足度」に関する調査であり、組織の健康度を知る上でとても参考になる。あまり手間がかからない簡単な調査なので、あらゆる企業でお薦めだ。

必ず無記名とし、大きな組織なら部署ごとに集計すると、その部門のマネジメントの質が浮き彫りになる。集計は、必ず横軸を「○をつけた数」にして、縦軸を人数にする。項目別に集計したがる人が多いが、それはあまり意味がない。たとえば、「コミュニケーション不足」が問題だと発見してその対策をとる、といった経営は推奨していないからだ。

むしろ大雑把に、不満を持った人がどのくらいいるか、を把握したい。不満を持っている人が多ければ、その部門の長は「人間性」を尊重したマネジメントをしていない可能性が強い。

「コミュニケーション不足」などの個別の対策をとるより、もっと全体的な視点から改善をはかったほうがいい。

一般にほとんどの企業では、経営側からのメッセージを従業員に伝達することにはえらく熱心なのだが、従業員の気持ちをくみ上げる努力はあまりされていない。上記の「不満」のアンケートだけでなく、さまざまなアンケートを工夫すると、従業員の声が聞けるだけでなく自律的に組織の生命力が上がってくる。

第11章での、経営理念を社員の声から作る、というくだりを再録する。

横田「目的というのは経営理念なんですよ。社員に対して〝どんな会社にしたい？〟というふうに聞くと、目的レベルの話が多く返ってくると思います。〝どんな〟というと、質を聞いているというふうに相手は受け止めますから、目的レベルのことが多くなります。給料の高い会社、休みの多い会社というのは少ないんです。彼らは潜在的にそういうことを知っているんです。よい会社というのはこんな会社と。だからみんなに意見を聞いて、それで経営理念を作れば浸透させる必要がない。最初からこれだよねということでいけばいいですね」

同様の趣旨が、第13章でジグソーパズルの「絵」に相当するのは何か、という説明の中にも見られた。

横田「会社でいうと、夢や成功イメージは経営理念。個人でいうと、こんな人間になりたいという自分自身の理想、あの先輩のこういうところは自分もできるようになりたい、あの先輩のここを見習おうとか、それがこの絵の部分に相当します。この絵は、社長が描いて見せるよりも、みんなに描かせたら、それはどんな絵なのかがよくわかりますよね。だから、経営理念は社員でも作れる」

一般には、経営理念は社長ないしはスタッフが鉛筆なめなめ作り、一方的に下におろすことが多い。しかし横田氏の意見は異なる。

横田「じつは経営理念というのは別に社長のような人が作る必要は全くないんですよね。ともすると、うちの会社も経営理念がいるなんて社長が言ったら、ちょっと大きな会社だと、企画室の頭のいいやつが本屋さんから日本の企業の経営理念という本を買ってきて、それを読みながらああだこうだと知恵を絞って、うちの会社はこれでどうでしょうかと社長に見せる。〝うん、そうやなあ、これで行こうか〟と。そんな決まり方をしているケースが多い」

天外「玄関の飾りみたいになっていますね」

横田「ネッツトヨタ南国の前身のトヨタビスタ高知をスタートしたばかりのときに私は、働く皆さんにとって〝やりがい〟というのは一番大事なんですよということを伝えたかったんですね。でも、それを伝えると非常にまずいことになるわけです。なぜかというと、給料は安い、賞与は少ない、休みは少ない、彼らのウォンツレベルのことができていないから、それをごまかすために理念を押し付けている、という不満が必ず出てくるからです。普通は〝なに都合のいいことをいっているの？〟と受け止められますよ。トップはあまりそういうことをいわないほうがいい、気づかせるほうがいい。それも短期間に気づかせる。どうやって気づかせたかというと、3種類のアンケートを2～3ヵ月おきにポンポンポンとしたんですね。無記名でね……」

このとき横田さんが従業員に出した3種類のアンケートは、「A　自分たちの会社をこんな会社に育てたい」、「B　自分たちの会社がこんなだったらいいな」、「C　入社以来今日まででうれしかったこと」などだ。それぞれに対する答えは、自由に散文で書いてもらう。表9（240ページ）に、その答えの例をあげる。

【表9】 横田さんが従業員に出した3つのアンケートとその回答例

「A　自分たちの会社をこんな会社に育てたい」

1．全員が同じ目的を理解し一丸となって働ける

2．イキイキと仕事に取り組める

3．地域社会から信頼される

4．応対・接客レベルが高い

5．会社に来るのが楽しみになる

6．お客さまから信頼される

7．自分の成長が実感できる

「B　自分たちの会社がこんなだったらいいな」

1．職場の人間関係が良い

2．自分の努力が認められる

3．チームワークがよく、助け合う

4．コミュニケーションがとれセクショナリズムがない

5．もっと自由に意見が交換できる

6．社員一人ひとりが会社を変えていこうとする

7．明るく笑いが絶えない

「C　入社以来今日まででうれしかったこと」

1．お客さまに喜んでいただいたこと

2．お客さまに感謝されたこと

3．お客様に誉めていただいたこと

4．仕事ができるようになったと感じたこと

5．様々な勉強ができたこと

6．気づきを得ることができたこと

【図7】 ハーツバーグの動機づけ衛生論
Herzberg Frederic 1923-2000

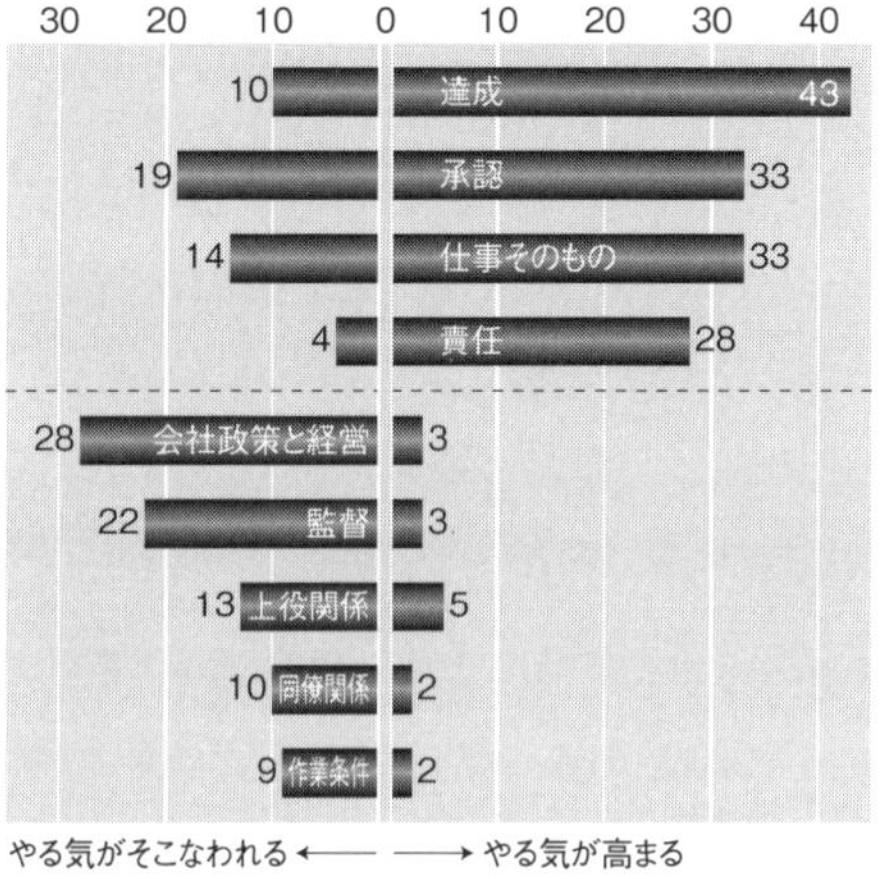

目標が達成できる
利益に貢献していると実感できる
自分の成長を実感できる

上司、同僚、お客様から認められる
結果を明確に評価されている

やりがいがある、目的が明確
有意義で重要な仕事、創造的にやれる

権限が与えられている
自主性が尊重されている
最初から最後までかかわり合いができる

戦後の労働組合運動が目指したように、多くの場合会社経営において破線から下の部分が比較的重視される傾向にある。しかしこれらが改善されても決して働く人々のやる気が高まるわけではないということをこの図は示している。

【図8】 マズローの欲求段階説
Maslow, AH 1908-1970

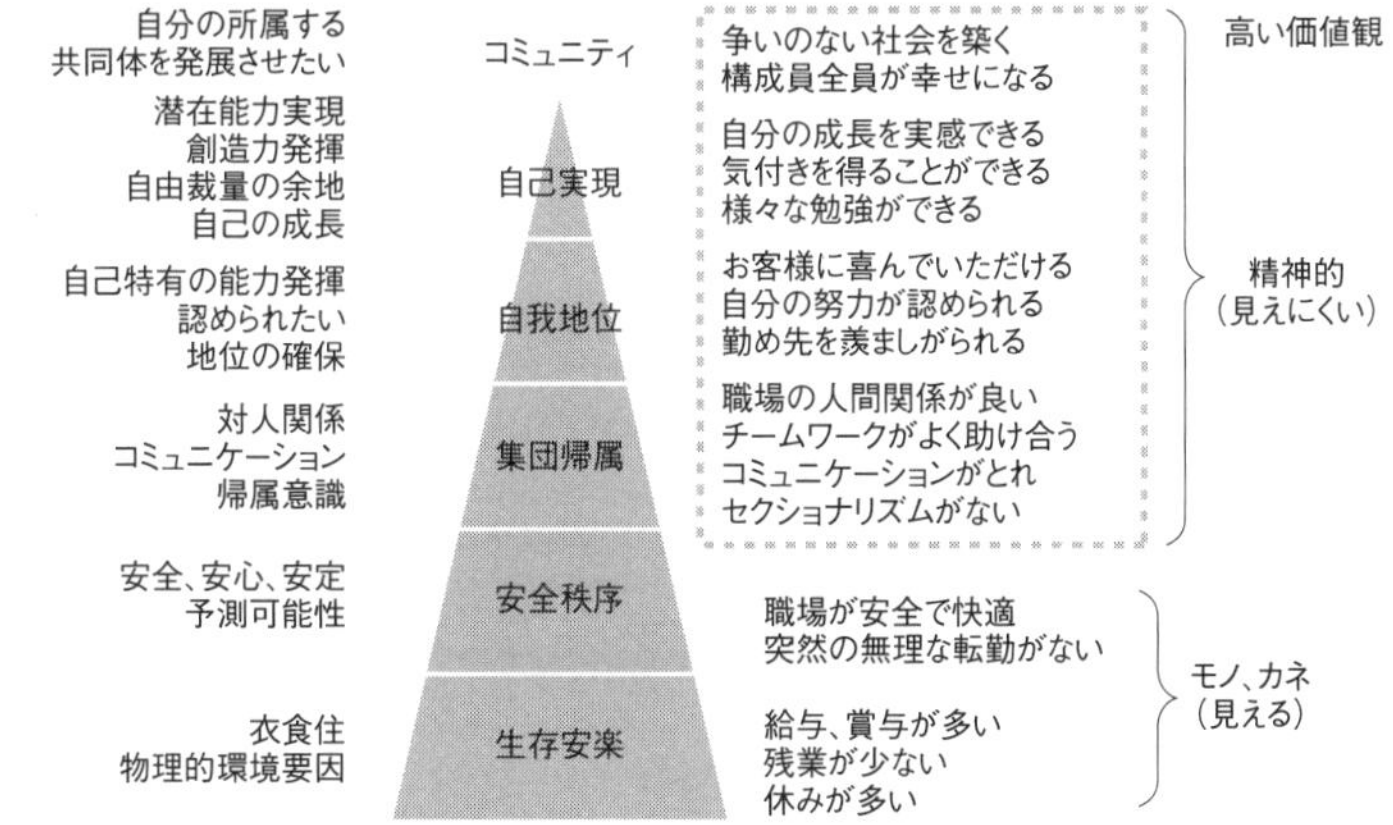

横田「じつは、ここには書いていないんですが、〝給料の高い会社〟〝休みの多い会社〟という答えはあったんですよ。でも、それは少数でした。その彼らの声と、昔からハーツバーグがいっているようなこと（図7・241ページ）と、マズローがいっているような階層（図8・241ページ）を対比して貼りだしました。昔から経営学者、心理学者がこういうふうにいっていますよ。動機付けとか欲求には階層があるみたいです。皆さんの答えを、その階層のどこに当てはまるか分類してみました、というのです。これらの階層は発想の次元に対応していますね……。

そうすると、このアンケートに〝給料の高い会社〟〝休みが多い会社〟と答えた人は、自分の意見というのがどのレベルなのかというのがわかりますよね。自分以外の人が〝やりがい〟に関するようなことをいろいろいっている。〝自分の成長が実感できる会社〟なんてね……。そうすると、同僚の中にこんなやつがいるのか。お互いにお互いがわかるわけですよ。お酒でも飲みながら上司の悪口を言うと、そんなに悪いと思っていない人も調子合わせていい出すでしょう。そうすると、次元の低いそういう考え方がスタンダードだ、というふうにみんな思ってしまいますよね。ちょっともったいないですよね。中にはすごいやつがいるというのもお互いに気づかせる。それで、こっそり、経営者の意見を入れておいてもいい……みんなの意見だから、自分もその一員ですよね。〝給料の高い会社〟というのがあったらね。頭に〝働きに対して〟と追加する。そうしたら嘘じゃないんですね。こんな考えもあるのか、と……」

このアンケートで大切なのは、経営者はどういう結果が出ても素知らぬ顔で通し、内容に関して一切コメントしないことだ。「こんな次元の低い答えがあった」などと言おうものなら、従業員は防備を固め、心を閉ざす。すべては台無しだ。褒めてもいけない。価値観を誘導することになるからだ。

経営側は黙ってアンケートを配り、結果をそのまま貼りだす。やっていいことは、階層構造に応じて分類することと、こっそり自分の意見を混ぜることだけだ。あとは知らんふりをする。ノーコメントを貫くのだ。これはある程度の意志の力を必要とする。

従業員は、見ていないようでも気にはなっている。アンケートが貼りだされれば、必ず考え始める。つまり、いままではあまり考えたこともなかった「いい会社というのは、どんな会社なんだろう」というテーマに想いがめぐらされることになる。

考えれば考えるほど、発想の次元が上がってくる。ハーツバーグやマズローの階層構造を駆け上がっていくのだ。

したがって、何ヵ月後かに同じアンケートをすると、必ず結果はよくなる。より次元の高い答えが増えてくる。ということは、単にアンケートを配り、結果を集計して貼りだすという行為を繰り返すだけで、経営者側からは何の働きかけもしないのに、従業員のモラルが上がっていく。

横田「給料の高い会社、休みが多い会社、仕事が楽な会社なんて答えが出てきたら、みんなの意見はこうだったよと壁に貼りだして、しばらく知らん顔しておくんです。そして、またやるんです。〝理想の会社はどんな会社やろうね。無記名で、何でもいいから思いつくまま書いてよ〟とやるわけです。そうしたら、前回と同じのが出てこなかったりしますよ。皆の頭にこびりついていますからね。〝理想の会社〟とか〝いい会社〟とかね……。考え続ければ人は必ず成長します。無記名アンケートにはいろんなねらいがあります。まず、ひとつは、経営参画させている。彼らの意見を聞くということは、それを取り入れるという意思があるということを表明しているわけですから、経営参画ですよ。経営参画したら経営者に近づくわけです。それから二つ目は、自分たちの本音を聞いてもらえたということがあるでしょう。そうすると、相手が、自分が何を考えているかということに関心を持ってくれているということが情報としてそっちへ伝わるわけです。三つ目は、そうやって無記名のアンケートを取り続けて、だんだん慣れてきたら、今度記名式でやっても同じように書いてくれるようになります。と同時に、今度は面と向かってパッといってくれるようになります。だから、本音で話ができる社員との関係を作るという意味でも有効です。まだほかにもありますね。その社員の声を会社の組織づくり、風土づくりに反映させていくと、確実に会社はよくなります。それが生きた企業理念ですね。最後は、やっぱり会社にとってなくてはならない人は居心地がいい、そうじゃない人は居心地が悪いというふうになる。必要な人が残って、そうじゃない人は自然にいなくなるか、自分を変容させて一緒に働くか、どっちか。こういうふうにもなりますよね」

天外「横田さんのところは他にもいろいろとアンケートを実施されていますよね」

横田「そう、いくらでもありますよ。たとえば、社内で笑顔のいいと思う人を3人書きなさいというようなアンケートを取るわけです。そうしたら、見事に正確なランキングが出ます。50人ぐらいいれば、笑顔のいい人が6〜7人。でもトップの人は必ず間違いなくその人という人が選び出されるわけです。みんなで投票した結果はこうですよ、といって壁にパンと貼りだす。そうすると、1回それをやるだけで、みんなが笑顔になってきますよね。コミュニケーションもチームワークも全部そうやって双方向評価をやれば、それを意識するようになります」

天外「なるほど。理想の社員や社員のいいところ、などに出てくる美点は全部アンケートの対象になりますね」

横田「そうです。そうやってアンケートを取って、年に1回それを表彰したらいいんですよ。笑顔のいい人の賞は誰々さんです。コミュニケーションのいい人は誰々さんです。チームワークは誰々ですと全部表彰すればいいんです。それは全部質の競争であって、誰が車を何台売ったとか、売り上げがどうだったとか、そういう話ではないでしょう。だから、どこの会社もやらないんです」

塾生「いいな、と思われている項目について、アンケートを取って表彰すれば従業員が育つ？」

横田「そうです。理想の社員像というのが明確になって皆がそれを意識すれば、放っておいても皆はその方向に向かいます。そのためのアンケートです。理想の社員ってどんな社員？ 周りにいる人で、あの人のこういうところがいいな、こっちの人はこういうところがいいなというのを思い出せる限り書いてよと、白い紙をパッと配ってやります。そうすると、一人が5つや10ぐらいは書きますね。笑顔なんて真っ先に出てきます。困ったとき助けてくれる人とか、それから、親身になって相談に乗ってくれる人とか、いつも誰も見ていないところでも黙々と仕事をしているとか、いろいろ出てきます。それを全部まとめたら、そうしたらここにいるうちの社員みんなが決めた理想の社員像、こんな人なんだねというのがわかるでしょう。それが明確になったら、次はその一つ一つの項目で誰が一番か決めよう。賞を出してもいいし。これをやれば、いきなりそういう会社になってきます。いきなりといっても10年はかかるかな……」

天外「横田さんのところは、一般的な表彰にも力を入れておられますね……」

横田「うちで一番権威のある賞は年間最多販売とかそんなんじゃないんですよ。単なる優秀社員表彰。この優秀社員表彰というのは、社員みんなが投票して決めるんですよ。ただ、それが人気投票にならないように、どこがどういうふうに素晴らしいのか、具体的にちゃんと投票用紙に推薦理由を書きなさいと、こうなっています。ひとつの用紙に営業、サービス、間接部門、2人ないし3人ずつ書くんです。ですから、それをハサミで切って短冊にする。で、同じ名前の人のやつを全部集めるわけですね。ホワイトボードに該当の社員の名前を全部書きます。課長以上は候補に入りませんけど、主任以下の人です。名前を全部書いて、誰が何票取ったか票数を後ろに書く。次に、票数の多い人から順番に短冊を一枚一枚読み上げるんです。誰々さんは25票やね。その25票読んでと言って、全部読み上げるわけです。そこですごく大事なのは、そこにいる幹部社員が、なるほど、そうやね。彼がそうなんやねとか、いや、どうしてそうなんやろうとか、いろいろあるわけです。ここがすごく大事。日ごろ自分たちが見ているものと同じものが出てこなかったら、やっぱり自分たちがちゃんと見ていなかったのか。社員が変なところを評価しているのか。何かどこかで問題があるわけですね。単に彼はみんなに人気があるだけで、貢献度が高いわけではないよねとかいう、そういうのも出てきますよね。そこの話し合いがすごく大事です。それで、票数に比例して、優秀社員、準優秀社員と決まるわけではないんです。比例はしません。それが一番の大きな要因にはなりますが、20票の人が優秀社員になって、25票の人が準優秀社員になったりします。それはマネージャーが、彼に賞を与えないほうがいいとかね。いまは与えないほうがいい。来年同じように票数が多かったら来年にしようとかね」

塾生「現場は納得感があるんですか、それで……」

横田「そこでの話し合いは外へ出ないから、それはわかりません。でも、単にマネージャーは自分の持っている票数が多いというふうに規定すれば、そこの話し合いが外に出ても全然セーフでしょう。票数が多いんだから、20票へ、マネージャーの票が10票ぐらい乗るわけですよね。そうしたら優秀社員になるじゃないですか。そういうふうにどこから突かれても公正ですよというふうにしないといけないですね。マネージャーの票といっても投票していないですよ。そこでの話し合いで票がそこへドンといったという話です」

「合理主義経営学」における経営者の役割は、企業の理念を考え、どういう方向に引っ張っていくかを決め、指示・命令・叱咤・激励など、ありとあらゆる手段を使って自分の思い通りに企業が動くように直接的にコントロールする。つまり、経営者が能動的であり、従業員はそれに従う受動的な姿勢が要求される。

「人間性経営学」では経営者は直接的なコントロールはせずに、受動的な態度が求められる。その分、従業員が能動的になる、というのがみそだ。直接的なコントロールをしないからといって、まったくコントロールを放棄している訳ではない。

ちょうど、自転車を両手放しで乗っていても、上手な人は細かいカーブも曲がるように、間接的なコントロールはしっかりとしているのだ。

その様子を私は、「合理主義経営学」をムカデ競走に、「人間性経営学」を一人ひとりが足を結ばずに、てんでんばらばらに走っていることにたとえている。当然、足を結ばない方が桁違いに速い。

しかしながら、足を結んでいないと皆が違う方向に走ってしまい、企業は前には進めなくなる惧《おそ》れがある。てんでんばらばらでも、皆がほぼ同じ方向に走るには工夫が必要だ。

横田さんの場合には、そのひとつが「採用力」（第4章）だし、もうひとつが本章で述べているアンケートと表彰だ。

むすび

横田英毅さんの経営フィロソフィーは、とても奥が深い。また、一般常識からかけ離れている。したがって、何度か講演を聞いたからといって簡単に身につくものではない。

本書は、天外塾における横田さんの語りと私や塾生との熱いやり取りを、そのまま掲載するという形式をとった。また、一般の読者には理解しにくいと思われるところは、私の解説を補った。そのため随所に天外流の表現が出ている。

対話を掲載するとき、手を入れたほうが読みやすくはなるが、反面その場の臨場感が失われる。バランスに苦慮するが、本書では、どちらかというと臨場感を優先した。そのため、記述は冗長になり、本は分厚くなってしまった。しかしながら、要点だけを隙のない文章で簡略につづった本より、あちこち寄り道している本書の方が、はるかに「横田英毅経営学」の持つ微妙な味わいが出ているのではないかと自画自賛している。

本書が多くの経営者の参考になり、日本の産業界全体、そして企業に働く人々が元気になることを願ってやまない。

常日頃ご指導いただき、本書の完成に向けて絶大なるご協力をいただいた横田英毅さんと、匿名でご登場いただいた多くの塾生に心から感謝する。

「人間性経営学」シリーズによせて

近年、企業の経営は一段と閉塞感が高まってきた。

本シリーズでは、それを一挙に打破する新しい方向性を世に問う。内容は多岐にわたるが、その全体を「人間性経営学」という名でくくることにする。

それと対比させて、従来の経営学を「合理主義経営学」と呼ぼう。

こちらは、フレデリック・ウィンズロー・テイラー（1856-1915）らが、製造現場の効率向上に科学的手法を導入したのが発端だが、いまや企業のあらゆるオペレーションに深く浸透している。もっぱら、論理的に、かつ合理的に考えるのが特徴であり、最近ではIT技術の急速な発展が効率向上を一層加速させてきた。

本シリーズの基本的なメッセージは、過去100年余にわたり企業のガイドラインとなってきた「合理主義経営学」が、そろそろ役割を終えようとしており、次の100年間は「人間性経営学」の時代になる、ということだ。

いままでの100年間といえども、必ずしも「合理性の追求」だけで企業が進化してきた訳ではない。

かつては『女工哀史』や『蟹工船』に象徴されるような従業員に過酷な経営が多く見ら

れたが、共産主義の台頭や激しい労働争議の歴史を経て、労働者の権利が保障されるようになった。さらには、すべてのステークホルダー（利害当事者）の利益をあまねく配慮する経営が一般的になってきた。

また、足尾鉱毒事件や水俣病に代表されるような平気で公害を垂れ流す企業はなくなり、社会の中の「良き市民」としての企業像が確立した。いまや、社会貢献や地球環境への配慮は常識だ。

これらの理念的、精神的、倫理的な進化の原動力は、社会に遍在する「人間性の追求」だ。じつはそれは、「合理性の追求」と基本的に矛盾する。

過去100年間の企業の進化は、「合理性の追求」と「人間性の追求」という、相対立する2つの軸の激しい葛藤の歴史だったといえる。

日本では、「人間性の追求」のベースは、儒教、老荘思想、仏教思想などだ。欧米ではもちろん、キリスト教だ。

その微妙な差が、日本と欧米の企業文化の違いへ結実した、と私はとらえている。

最近、ブラジルのセムコ社、アメリカのゴア社など、従来の企業経営の常識を根底から覆すような、突飛な経営スタイルが話題になっている。

そこには、経営効率の向上のためには、「合理性の追求」が必ずしもベストではない、という新しい発見がある。むしろ「人間性の追求」をとことん推し進め、従業員を徹底的に信頼して自主性にまかせるというマネジメントにより、組織がすさまじい勢いで活性化することがわかった。

つまり、従来の相対立する2軸の構図から、「合理性の追求」がポロッと抜け落ち、今後は「人間性の追求」一本に統一される可能性が高い。

それが「人間性経営学」という命名の由来だ。

じつは、この新しい潮流は、何から何まで新しいという訳ではなく、そのエッセンスは創業期のソニーにも見られた。私たちにとって喜ばしいことに、これは日本の伝統的な企業文化とすこぶる相性がいい。セムコ社も改革に走る前に日本から多くを学んだ。

「人間性経営学」の、もうひとつのキーワードが「燃える集団」だ。ある局面でチームがすさまじい勢いで活性化し、一人ひとりがスーパーマンと化し、あらゆる困難を突破するようになり、ついには「運」まで味方につけてしまうという、ある種の神秘的な現象だ。

それは、心理学者のチクセントミハイの「フロー理論」で読み解くことができることから、「フロー経営」という表現を導入した。

たとえば、ゴア社を設立したビル・ゴアは、デュポン社に勤務していたときに、少人数の開発プロジェクトで「燃える集団」を体験し、そのすさまじい活気を全社的に展開することを創業の理念とした。

私自身は、CD（コンパクト・ディスク）やAIBO（犬型ロボット）の開発でそれを体験した。創業期のソニーが全社をあげて「燃える集団」状態にあった、という気づきが本シリーズを企画する動機となっている。

「合理主義経営学」のもうひとつの問題点は、その守備範囲が言語と論理で合理的に記述できることのみに限定されていることだ。

実際の経営では、実務を通じて身につける経営者の人間力、直感力、時代を読む力、運力などが大切なことを、多くの実務家が指摘している。また、人間は必ず精神的な成長を続ける存在であるという認識や、さまざまな深層心理的な側面、非合理的な側面も配慮しなければならない。老子の説くタオ（言語化できない物事の真実）も、日本の企業文化の重要な要素だ。

本シリーズは、これらの一見してドロドロした内容にも積極的に切り込んでいく。

「人間性経営学」シリーズ（講談社刊）

①『マネジメント革命』２００６年10月
②『非常識経営の夜明け』２００８年10月
③『経営者の運力』２０１０年９月
④『人材は「不良社員」からさがせ』２０１１年10月
⑤『「教えないから人が育つ」横田英毅のリーダー学』（本書）２０１３年４月

天外伺朗（てんげ・しろう）

本名：土井利忠、元ソニー上席常務。工学博士（東北大学）。1964年東京工業大学電子工学科卒。ソニーに42年余勤務。その間、ＣＤ、ワークステーションＮＥＷＳ、犬型ロボットＡＩＢＯなどの開発を主導。また、脳科学と人工知能を統合した新しい学問「インテリジェンス・ダイナミクス」を提唱した。現在は医療改革に取り組んでおり、病院に代わる「ホロトロピック・センター」と呼ぶ新しい施設の設立を推進している。そこでは、人々が病気にならぬように生まれてから死ぬまでケアし、病気になった場合には、治療とともに意識の変容を密かにサポートする。また、企業経営者のための「天外塾」を開いて経営改革に取り組むとともに、近年は教育改革へも手を拡げている。著書に、『非常識経営の夜明け』『マネジメント革命』『深美意識の時代へ』『意識は科学で解き明かせるか』（以上、講談社）、『いのちと気』（共著）『ＧＮＨへ』（以上、ビジネス社）、『心の時代を読み解く』『教育の完全自由化宣言！』『運命の法則』（以上、飛鳥新社）、『般若心経の科学』（祥伝社）、『宇宙の根っこにつながる生き方』（サンマーク出版）など多数。

天外伺朗　連絡先

1．ホロトロピック・ネットワーク（会員組織、医療改革、教育改革、瞑想、断食など）

ホームページ　http://www.holotropic-net.org　Eメール　info@holotropic-net.org

Tel　03-5465-0778　Fax　03-5465-0779

2．（株）office JK（天外塾、企業経営、天外伺朗メルマガ登録）

ホームページ　http://www.officejk.jp

Eメール　officejk@onyx.ocn.ne.jp

3．フローインスティテュート（フローシンポジウムなど）

ホームページ　http://www.flowinstitute.jp/

Eメール　info@flowinstitute.jp　Tel　03-6868-6267

「教《おし》えないから人《ひと》が育《そだ》つ」　横田英毅《よこたひでき》のリーダー学《がく》

2013年４月22日　第１刷発行

著　者　天外伺朗《てんげしろう》 ©Shiroh Tenge 2013, Printed in Japan

発行者　鈴木 哲

発行所　株式会社　講談社

〒112-8001　東京都文京区音羽2-12-21

電話　出版部　03-5395-3532

販売部　03-5395-3622

業務部　03-5395-3615

印刷所　慶昌堂印刷株式会社

製本所　株式会社国宝社

図版制作　朝日メディアインターナショナル株式会社

定価はカバーに表示してあります。

落丁本・乱丁本は購入書店名を明記のうえ、小社業務部あてにお送りください。送料小社負担にてお取り替えいたします。なお、この本の内容についてのお問い合わせは、生活文化第三出版部あてにお願いいたします。

本書のコピー、スキャン、デジタル化等の無断複製は著作権法上での例外を除き、禁じられています。本書を代行業者等の第三者に依頼してスキャンやデジタル化することは、たとえ個人や家庭内の利用でも著作権法違反です。

ISBN978-4-06-218310-9

講談社の好評既刊

関　裕二
伏見稲荷の暗号　秦氏の謎
「お稲荷さん」はなぜ全国に三万もある？　なぜキツネが結界を守っている？　稲荷信仰と秦氏のつながりは？　古代史最後の謎に迫る
1575円

浜田宏一
アメリカは日本経済の復活を知っている
ノーベル経済学賞に最も近いとされる巨人の救国の書!!　世界中の天才経済学者が認める本書の経済政策をとれば日本は今すぐ復活!!
1680円

横川　潤
クックパッド社員の名刺の秘密
たった一枚の名刺が、社員の無限の力を引き出す！　クックパッドならではのゼロベース・シンキング経営の秘密を解明する一冊
1155円

富坂美織
自信加乗
ハーバードの論理力　マッキンゼーの楽観力　ドクターの人間力
自信を加えて乗せる——究極のポジティブマインドで世界最難関校留学、コンサルタントも務めた産婦人科医が説く〝好奇人〟のススメ
1260円

福田和也
「贅」の研究
ライカ、とんかつ、床屋、眼鏡……これぞ大人が持つべき「日常の美学」。本当の贅沢とは何か？　探し求め選び抜いた「本物」を綴る
1890円

三田紀房
プレゼンの極意はマンガに学べ
なぜあなたのプレゼンは人の心を動かさないのか？　つかみからクロージングまで、マンガに学べば今日からビジネスシーンが激変!!
1470円

定価は税込み（5％）です。定価は変更することがあります。